Jay und Laura Laffoon
Heute Abend schon was vor?

Über die Autoren

Jay und Laura Laffoon sind die Gründer von *Celebrate Ministries, Inc., Celebrate Your Marriage* und *The Ultimate Date Night*. Sie sind seit über 35 Jahren verheiratet und erzählen in ihren Büchern und auf ihren Social-Media-Kanälen offen und sehr humorvoll von den Höhen und Tiefen ihrer Ehe. Ziel ihrer Arbeit ist es, viel beschäftigten Paaren dabei zu helfen, ein Leben lang glücklich verheiratet zu bleiben.

Jay & Laura Laffoon

Heute Abend schon was vor?

52 Ideen für mehr Zeit zu zweit

Inhalt

Los geht's!

Herzlich willkommen zu 52 Dates, die Ihre Beziehung durch die Aktivität und die Gespräche, die sich daraus ergeben, hoffentlich positiv verändern. Manche dieser Gespräche werden einfach nur Spaß machen, andere sind vielleicht auch ernster und bringen Sie zum Nachdenken. Gemeinsam ist den Gesprächen aber wahrscheinlich eines: dass Sie und der Mensch, der Ihnen so viel bedeutet, sich dadurch näherkommen.

Manche der Dates sind eher an bestimmte Jahreszeiten gebunden, andere können zu jedem beliebigen Zeitpunkt im Jahr stattfinden. Sie brauchen sich also nicht an die in dem Buch aufgeführte Reihenfolge zu halten, sondern können Dates beliebig auswählen, wie es am besten für Sie passt.

Wir beschreiben für jede Woche des Jahres ein Date möglichst kurz und prägnant, gefolgt von einem Gesprächsimpuls, der dazu gedacht ist, Sie über das Erlebte und vielleicht auch darüber hinaus ins Gespräch zu bringen.

Zu jedem Date gibt es einen passenden Bibelvers, Platz zum Notieren der eigenen Gedanken und der Highlights sowie ein Gebet zum Abschluss für Ihre gemeinsame Zeit. Auch ein paar persönliche Geschichten aus unserem eigenen Leben und eigenen Dates erzählen wir – und wir verraten auch, was wir daraus gelernt haben. Der Legende, die auf diese Einleitung folgt, sowie den Angaben zu Beginn jedes Kapitels können Sie entnehmen, wie viel Geld und Aufwand Sie für das jeweilige Date investieren müssen und auch wie hoch der „Romantik-Faktor" ist.

Wir beten, dass dieses Buch Ihnen hilft, Ihre Beziehung weiterzuentwickeln und zu vertiefen.

Jay und Laura

€ kein oder fast kein Geld

€ € ca. 10 Euro

€ € € weniger als 50 Euro

€ € € € mehr als 50 Euro

🕐 weniger oder kein Aufwand

🕐 🕐 ein bisschen Aufwand

🕐 🕐 🕐 viel Aufwand

🕐 🕐 🕐 🕐 Sie müssen sich richtig ins Zeug legen

♥ wenig Romantik

♥ ♥ ein bisschen Romantik

♥ ♥ ♥ viel Romantik

♥ ♥ ♥ ♥ Romantik pur

Picknick unterm Sternenzelt

Heute geht's zu einem nächtlichen Picknick in den Park oder den Garten – oder falls Sie keinen haben: auf den Balkon oder die Terrasse! Packen Sie einfach eine große Decke, ein wenig Brot, Käse, geschnittenes Obst und Gemüse und Ihre Lieblingsgetränke ein, und suchen Sie sich ein nettes Plätzchen im Garten oder auch in einem Park in Ihrer Nähe. Wenn Sie beide Musik mögen, dann können Sie auch Bluetooth-Lautsprecher einstecken und später ein paar romantische Songs spielen. Legen Sie sich später, nach dem Essen, auf den Rücken, und schauen Sie in den Himmel. Können Sie ein Sternbild oder sogar mehrere erkennen? Wenn Sie nicht so gern auf dem Boden liegen, können Sie auch einfach Liegestühle mitnehmen. Und während Sie dann die Schönheit der Natur bestaunen: Tauschen Sie sich darüber aus, was Ihnen in Ihrer Kindheit durch den Kopf ging oder wovon Sie geträumt haben, wenn Sie in den Nachthimmel geschaut haben.

Die Beziehung vertiefen

Schreiben Sie die Kindheitserinnerungen auf und auch die Gedanken, die Ihnen heute beim Betrachten des Sternenhimmels kamen. Notieren Sie außerdem, welche Sternbilder Sie erkannt haben.

....

....

....

....

Die Beziehung zu Gott vertiefen

Gott schuf zwei große Lichter, die Sonne für den Tag und den Mond für die Nacht, dazu alle Sterne.
1. Mose 1,16

Herr, du bist der Schöpfer des Himmels und der Erde. Hilf, dass wir während unserer Zeit hier auf der Erde achtsam mit deiner Schöpfung umgehen und dabei mithelfen, sie zu bewahren.

Highlights des Dates

....

....

....

....

Apropos

Vergewissern Sie sich vor Ihren Vorbereitungen, ob der Himmel so klar ist, dass überhaupt Sterne zu sehen sind!

Wir hatten zusammen mit unseren Freunden Gene und Wendy eine Hütte an einem See gemietet. Gene hatte sein Boot mitgebracht, und wir fuhren auf den See hinaus, um ein Feuerwerk zu bestaunen, das in einem Ort ganz in der Nähe veranstaltet wurde. Das Feuerwerk tauchte den Himmel auf spektakuläre Weise in die prächtigsten Farben – doch als es dann vorüber war, wurde es vom einen Moment auf den anderen stockdunkel, und wir konnten kaum die Hand vor Augen sehen. Hinzu kam, dass wir uns nicht mehr richtig erinnern konnten, wo genau unsere Hütte lag. Über eine Stunde lang tuckerten wir mit dem Boot auf dem See herum und versuchten, unsere Unterkunft wiederzufinden!

Wenn Sie also ein solches Date planen, sollten Sie sich zuvor versichern, ob der Himmel wirklich sternenklar sein wird. Sie könnten sich auch eine entsprechende App aufs Smartphone laden, in der die Sternbilder beschrieben und erklärt werden. Welche können Sie gemeinsam finden?

Spieleabend

Welche Gesellschaftsspiele spielen Sie gern? Wenn Sie Ihre Lieblingsspiele nicht schon besitzen, dann könnten Sie sich diese jetzt leihen oder sogar kaufen. Stellen Sie außerdem Ihre Lieblingssnacks und -getränke bereit, räumen Sie den Esstisch leer, damit Sie genügend Platz für die Spiele haben, und dann: Viel Spaß! Es ist auch egal, ob Sie ein Spiel immer wieder spielen oder viele unterschiedliche Spiele jeweils nur ein Mal.

Nutzen Sie das Spiel auch als Gelegenheit, miteinander ins Gespräch zu kommen. Sie könnten sich zum Beispiel darüber austauschen, weshalb Sie gern gewinnen möchten und was Sie dazu motiviert, im Beruf, im Privatleben oder allgemein im Leben möglichst erfolgreich zu sein. Und überhaupt: Was genau bedeutet Erfolg für Sie? Beschreiben Sie es Ihrem Partner so konkret und ausführlich wie möglich.

Die Beziehung vertiefen

Wer hat gewonnen? Haben Sie sich darüber ausgetauscht, was Erfolg für sie beide bedeutet? Halten Sie Ihre Erkenntnisse fest – als Motivation für Zeiten, in denen Sie sich einmal nicht stark und mutig fühlen.

....

....

....

....

Die Beziehung zu Gott vertiefen

Sei stark und mutig. Gehorche gewissenhaft den Gesetzen, die dir mein Diener Mose gab. Weiche nicht von ihnen ab, damit du Erfolg hast, wohin du auch gehst.
Josua 1,7

Herr, bitte hilf uns, uns von dir immer wieder neue Kraft schenken zu lassen. Und hilf uns auch, Erfolg nur an deinem Maßstab zu messen.

Highlights des Dates

....

....

....

....

....

Apropos

In meiner Ursprungsfamilie spielten wir unheimlich gern Gesellschaftsspiele. Mein Lieblingsspiel war *Mensch ärgere dich nicht!*.
Jay würde jetzt wahrscheinlich sagen, dass ich das Spiel deshalb
so mochte, weil ich gern Ärger mache, und damit hätte er gar nicht
so unrecht. Unser Sohn Torrey und seine Frau Shana sind ebenfalls
Spielefans. Als Shana zu unserer Familie dazustieß, hat sie uns ein
Kartenspiel beigebracht, das an *Canasta* erinnert und immer wieder für Ärger bei den Mitspielern sorgt. Wie Sie sich denken können, liebe ich es!

Mit vielen Personen Gesellschaftsspiele zu spielen, ist ziemlich
einfach. Wenn man nur zu zweit ist, kann sich das ein bisschen
seltsam anfühlen, es sei denn, beide sind eingefleischte Spielefans. Versuchen Sie es trotzdem! Es kann besonders dann viel zu
Ihrer Beziehung beitragen, wenn die Liebessprache von einem von
Ihnen „gemeinsam verbrachte Zeit" ist.

Genießen Sie, wie sich Ihre Liebe beim Spielen vertieft!

Schatzsuche

Geocaching – von einigen auch GPS-Schnitzeljagd genannt – ist eine Art Schatzsuche, die seit dem Anfang des 21. Jahrhunderts immer beliebter wird. Man versteckt kleine Schätze und veröffentlich deren Standort anhand geografischer Koordinaten im Internet, sodass sie anschließend mithilfe eines GPS-Empfängers gesucht werden können.

Weil diese Aktivität ein bisschen mehr Zeit in Anspruch nehmen kann und Sie in die Natur hinausführt, sollten Sie sie möglichst an einem Tag mit gutem Wetter durchführen. Zur Vorbereitung sollten Sie sich am besten die offizielle Geocaching®-App aufs Smartphone laden, die es für alle Endgeräte gibt. Sie müssen sich dort einfach nur einen Account zulegen und dann geht es los. Wir wünschen euch eine erfolgreiche Schatzsuche!

Falls Ihnen diese Aktivität Spaß macht, könnten Sie den kostenlosen Account upgraden und einen Premium-Account einrichten, um mehr Schätze zu finden und Ihre Schatzsuche in der App zu protokollieren.

Tauschen Sie sich bei Ihrer Schatzjagd doch einmal darüber aus, was Sie machen würden, wenn Sie einen vergrabenen Schatz fänden.

Die Beziehung vertiefen

Schreiben Sie auf, was Ihnen am Abenteuer Geocaching besonders viel Spaß gemacht hat und wie viele Caches Sie gefunden haben. An dieser Stelle können Sie auch aufschreiben, was Sie mit einem vergrabenen Schatz anfangen würden.

....

....

....

....

Die Beziehung zu Gott vertiefen

Und weil mir der Tempel meines Gottes am Herzen liegt, habe ich zusätzlich noch Schätze aus meinem eigenen Besitz gestiftet.
1. Chronik 29,3 (Hoffnung für alle)

Herr, bitte hilf uns, zu erkennen und im Herzen zu behalten, dass du der Schatz bist, der immer bei uns ist!

Highlights des Dates

....

....

....

....

Apropos

Mackinac Island, Michigan, liegt in der Mackinacstraße im Huron-see. Die Insel ist wunderschön und entführt den Besucher in längst vergangene Zeiten. Um auf die Insel zu gelangen, muss man von Mackinaw City oder St. Ignace aus eine Fähre über den Huronsee nehmen. Man kann dann die Insel zu Fuß erkunden, mit dem Fahrrad oder zu Pferd. Autos sind dort nicht erlaubt.

Auf Mackinac Island haben wir zum ersten Mal Geocaching ausprobiert. Wir hatten eigentlich gedacht, dass wir die Insel schon sehr gut kennen, weil wir mindestens dreimal im Jahr dort sind und auch viel auf der Insel herumwandern. Aber durch das Geocaching haben wir dann ganz andere Ecken der Insel erkundet, Stellen, an denen wir noch nie gewesen waren, und wir haben Orte entdeckt und Aussichten bestaunt, die von vielen Menschen einfach übersehen werden.

Einer der Caches war beispielsweise in einem Vogelhäuschen bei einem Haus versteckt, an dem wir schon tausendmal vorbeigekommen waren, ohne ihm jemals Beachtung zu schenken. Einen anderen spürten wir unter einer Strandpromenade aus Holzbohlen auf, auf der wir bei jedem unserer Besuche auf der Insel unterwegs waren. Einen dritten fanden wir neben dem Inselfriedhof, der eigentlich ein historischer Schauplatz ist, weil dort im Krieg von 1812 ein Kampf stattgefunden hat. Auf der Suche nach dem Cache erfuhren wir etwas über die Geschichte der Insel und dadurch machte das Ganze noch mehr Spaß.

Jay und ich unternehmen gern Dinge gemeinsam. Wir fühlen uns dann ein bisschen so wie zu Beginn unserer Beziehung. Ein Date bedeutet ja mehr, als einfach nur Zeit miteinander zu verbringen. Es ist eine Chance, sich weiterzuentwickeln, während man gemeinsam auf Entdeckungsreise geht und dabei etwas lernt.

Date in der Einfahrt

Das ist ein ungewöhnliches Date für Paare, die noch kleine Kinder haben und deshalb nur wenig Zeit zu zweit. Packen Sie einfach Ihre Lieblingsgetränke und ein paar leckere Snacks ein und gehen Sie nach draußen zu Ihrem Auto. Falls Ihr Wagen in der Garage steht, können Sie ihn herausfahren, sich auf die Rückbank setzen und eine ungestörte Unterhaltung genießen. Falls Sie einen Kombi haben oder sogar einen Truck, können Sie auch ein paar Kissen und Decken mitnehmen und es sich auf der Ladefläche gemütlich machen. Und wenn Sie ein Carport haben, können Sie den Wagen auch an der Straße parken und dann Ihre Decke unter dem Carport ausbreiten.

Gehen Sie doch einmal Ihren ganz normalen Alltag durch, und denken Sie gemeinsam darüber nach, was Sie daran hindert, sich regelmäßig Zeit zu zweit zu nehmen. Die Arbeit? Die Kinder? Hobbys oder Ehrenämter? Tauschen Sie sich darüber aus, was Sie tun können, damit die gemeinsame Zeit eine höhere Priorität hat.

Die Beziehung vertiefen

Welche Gründe sind in Ihrem Gespräch zutage getreten? Was hindert Sie daran, der Zeit zu zweit eine höhere Priorität einzuräumen? Notieren Sie Ideen, wie Sie diese Hindernisse aus dem Weg räumen könnten. Und legen Sie gleich einen Termin für das nächste Date fest.

....

....

....

....

Die Beziehung zu Gott vertiefen

Versäumt nicht die Zusammenkünfte eurer Gemeinde, wie es sich einige angewöhnt haben. Ermahnt euch gegenseitig dabeizubleiben. Ihr seht ja, dass der Tag nahe ist, an dem der Herr kommt.
Hebräer 10,25

Herr, bitte hilf uns, unserer Beziehung mehr Priorität einzuräumen und uns immer wieder bewusst Zeit zu zweit zu nehmen. Erinnere uns daran, dass diese Beziehung nach der Beziehung zu dir die allerwichtigste ist.

Highlights des Dates

....

....

....

....

Apropos

Untersuchungen haben ergeben, dass das Durchschnittsehepaar wegen zu voller Terminkalender täglich nur vier Minuten zu zweit miteinander verbringt.* Unsere Freunde Brandise und Trevor haben sich für dieses Problem eine sehr praktische Lösung überlegt. Sie sind das Ehepaar, dem wir die Idee mit dem „Date in der Auffahrt" verdanken. Denken Sie gemeinsam mit Ihrem Partner doch einmal darüber nach, wie viel Zeit *Sie* wirklich „nur zu zweit" verbringen, und zwar ohne Bildschirme und ohne irgendwelche anderen elektronischen Geräte.

---

* Fact Retriever, „Wegen zu voller Zeitpläne verbringt das Durchschnittsehepaar täglich nur vier Minuten allein zusammen", Twitter, 12. Februar 2017, https://twitter.com/factretriever/status/830927634066321408.

Frisch vom Markt

Gibt es in Ihrer Nähe einen Wochen- oder Bauernmarkt? Dann schnappen Sie sich doch einmal Ihre Einkaufsbeutel. Welches leckere Gericht lässt sich besonders gut mit frischem Gemüse oder anderen frischen Zutaten vom Markt zubereiten? Auf manchen Bauernmärkten gibt es ja auch andere regionale Produkte wie Seifen, Backwaren, Honig oder Blumen. Nehmen Sie sich Zeit, gemeinsam über den Markt zu schlendern und sich das Angebot anzuschauen. Kaufen Sie frische Zutaten für ein gemeinsames Essen ein – und dann kochen Sie auch gemeinsam! Vergessen Sie nicht, einen hübschen Blumenstrauß als Tischdeko mitzunehmen!

Tauschen Sie sich darüber aus, was Sie kochen wollen und wie Sie die Aufgaben aufteilen könnten. Wer kümmert sich um Fleisch oder Fisch? Wer bereitet das Gemüse zu? Wer deckt den Tisch? Wer arrangiert die Blumen in einer Vase? Wer räumt ab und sorgt in der Küche wieder für Ordnung?

Die Beziehung vertiefen

Wie war es, gemeinsam Essen zuzubereiten? Was haben Sie gekocht? Wenn Sie Lust haben, könnten Sie ja das Rezept hier verewigen. Wer hat bei der Essenszubereitung welche Aufgaben übernommen? Mussten Sie dabei viel verhandeln oder hat einfach jeder das übernommen, was er/sie am besten kann?

....

....

....

....

Die Beziehung zu Gott vertiefen

Dann sagte er: „Seht, als Nahrung gebe ich euch alle Pflanzen, die Samen tragen, und die Früchte, die überall an den Bäumen wachsen; aber die Vögel und Landtiere sollen Gras und Blätter fressen."
Und so geschah es.
1. Mose 1,29–30

Herr, bitte hilf uns, gute Haushalter für alles zu sein, was du uns zu essen gibst. Wir danken dir auch dafür, dass du uns die Fähigkeit geschenkt hast, die Lebensmittel lecker zuzubereiten!

Highlights des Dates

....

....

....

....

Apropos

Schließen Sie die Augen, und stellen Sie sich die Saftigkeit einer reifen, roten Tomate vor oder die knackige Frische eines Apfels, den Sie gerade gepflückt haben. Frisches Obst und Gemüse sind in Bezug auf Aroma und Geschmack unschlagbar.

Im Sommer ist Michigan, wo wir leben, ein Paradies, wenn es um frisches Gemüse und Obst geht. Überall an den Straßen findet man Verkaufsstände und in so gut wie jeder Stadt gibt es einen Bauernmarkt. Deshalb sind wir auch mittwochs und samstags immer dort anzutreffen. Wir haben mittlerweile sogar unsere Lieblingshändler, wenn es um Mais, Tomaten, Gurken und die anderen Früchte der Jahreszeit geht. Wir machen auch immer ein richtiges Event daraus, wenn wir in der Kirschen- oder Pfirsichzeit in eine Gegend fahren, in der man die Früchte beim Bauern selbst holen kann.

Nicht nur auswärts essen gehen

Es ist oft eine kleine Herausforderung zu entscheiden, wo man gemeinsam essen gehen will. Wahrscheinlich haben Sie diverse Lieblingsrestaurants und auch diverse Lieblingsgerichte. Hinzu kommt dann noch, dass einer von Ihnen auf die Frage: „Wohin wollen wir denn gehen?" vermutlich häufig sagt: „Ach, ist mir egal." Wie wäre es, wenn *sie* heute einmal entscheidet, wohin Sie gehen? „Ist mir egal" ist heute verboten.

Unterhalten Sie sich dann beim Essen einmal über die kleinen Dinge, mit denen Sie dem jeweils anderen Ihre Zuneigung zeigen können. Zum Beispiel, indem Sie *ihr* morgens eine Kanne Kaffee kochen, *ihm* regelmäßig einen Abend freigeben, damit er einem Hobby nachgehen kann, für das Sie sich nicht interessieren … (oder umgekehrt).

Die Beziehung vertiefen

Schreiben Sie die kleinen Dinge und Gesten auf, mit denen Sie dem anderen Ihre Zuneigung zeigen könnten.

....

....

....

....

Die Beziehung zu Gott vertiefen

Seid in herzlicher Liebe miteinander verbunden, gegenseitige Achtung soll euer Zusammenleben bestimmen.
Römer 12,10

Herr, bitte hilf uns, den anderen über uns selbst zu stellen und ihm den Vortritt zu lassen. Hilf uns, dich zu ehren, indem wir einander achten.

Highlights des Dates

....

....

....

....

Ich (Laura) bin die Queen des „Ist mir egal!". Das liegt wohl an der Tatsache, dass ich ein Mittelkind bin. Wir Mittelkinder sind die Friedensstifter, die Ausgleichenden in der Familie. Laut Kevin Leman, dem Autor des Buches *Geschwisterkonstellationen*, sind Mittelkinder gute Ehepartner bzw. Ehepartnerinnen, weil sie es gewohnt sind, innerhalb der Familie für Frieden zu sorgen und ausgleichend zu wirken, und weil sie außerdem meist ziemlich locker und entspannt sind.

Um welche Frage es auch geht – wo wir essen, was wir als Nächstes tun, wohin wir gehen –, ich antworte eigentlich immer: „Ist mir egal", und normalerweise stimmt das auch. Für meinen Mann ist dieses Verhalten allerdings extrem frustrierend und nur schwer zu ertragen. Deshalb lerne ich immer mehr, die Frage zu beantworten und zu sagen, was ich möchte. Wenn es mir wirklich gleichgültig ist, sage ich ihm das, füge aber hinzu: „Und was ist mit dir? Hast du einen Vorschlag?" Dann entscheide ich oft auf der Grundlage seiner Vorschläge.

Radtour mit Ziel

€ € € 🕐 🕐 🕐 ♥

Gemeinsam essen zu gehen, kann ein schöner Zeitvertreib sein. Wie wäre es, wenn Sie sich vor einem solchen gemeinsamen Essen noch ein wenig körperlich betätigen? Suchen Sie sich ein Restaurant an Ihrem Wohnort oder in der Nähe aus, holen Sie Ihre Fahrräder heraus, und radeln Sie zu dem Restaurant. Wenn die Strecke lang genug ist, verbrennen Sie die Kalorien, die Sie voraussichtlich zu sich nehmen werden, schon gleich wieder durch die Bewegung beim Radfahren! Wenn ein Abendessen nichts ist, wofür Sie sich auf diese Weise anstrengen wollen, dann radeln Sie doch zur Eisdiele oder zu einem schönen Café.

Je nach Landschaft ist es nicht unbedingt einfach, sich beim Radfahren mit dem Partner zu unterhalten. Deshalb könnten Sie sich zum Beispiel während einer Rast darüber austauschen, welche „Abenteuer" Sie in Ihrer Beziehung noch erleben möchten. Erzählen Sie doch einander einmal, welche Segensgeschenke Sie als Paar schon empfangen haben, zum Beispiel, dass Sie gemeinsam Rad fahren, gut essen gehen und die schöne Zeit genießen dürfen.

Die Beziehung vertiefen

Schreiben Sie auf, welche „Abenteuer" Sie noch gemeinsam erleben möchten und welche Segensgeschenke Sie in Ihrem Leben sehen und erleben.

....

....

....

....

Die Beziehung zu Gott vertiefen

Auf euch ruht der Segen des Herrn, der Himmel und Erde geschaffen hat.
Psalm 115,15

Herr, wir sind so dankbar für die Gaben und Fähigkeiten, die du uns beiden geschenkt hast. Hilf uns, sie nicht als selbstverständlich zu betrachten.

Highlights des Dates

....

....

....

....

Apropos

Als wir einmal auf einem christlichen Kongress in Michigan als Referenten tätig waren, entdeckten wir eine große Reklametafel mit der Aufschrift: „E-Bike-Vermietung". Also beschlossen wir, uns die Sache einmal etwas genauer anzuschauen. Wir bekamen ein super Angebot, wurden mit der Handhabung vertraut gemacht und reservierten uns gleich zwei E-Bikes, mit denen wir nach der Konferenz einige Tage lang unterwegs sein wollten.

Und es war wirklich spitze! Nie zuvor hatten wir so viel Spaß auf Zweirädern gehabt. E-Bike zu fahren fühlt sich an wie Radfahren mit stetigem Rückenwind und weder hügelige Landschaft noch Gegenwind ändern daran etwas. Es ist einfach herrlich!

Planen = Vorfreude

Vorfreude ist mit das Schönste an jeder gemeinsamen Auszeit, denn es geht ja nicht nur um die gemeinsame Aktivität, sondern um den Spaß und die Romantik dabei. Wenn Sie bereits im Winter oder Frühjahr damit beginnen, die sommerliche Urlaubszeit zu planen, können Sie die Vorfreude schon genießen. Nehmen Sie sich ein, zwei Stunden Zeit, und setzen Sie sich in ein gemütliches Café, oder machen Sie es sich dazu zu Hause gemütlich, und planen Sie Ihren Sommerurlaub bei einer Tasse Kaffee und einem leckeren Kuchen. Jeder von Ihnen könnte im Vorfeld eine Liste seiner Lieblingsurlaubsziele erstellen und dann eine Liste der Aktivitäten, die dort möglich sind. Sie könnten die Recherche auch gemeinsam durchführen und gleich Orte und Aktivitäten aussuchen, an denen Sie beide Spaß haben.

Achten Sie bei Ihrer Planung darauf, dass wenigstens eine etwas abenteuerliche Aktivität dabei ist, bei der Sie beide Ihren Wohlfühlbereich ein wenig verlassen müssen.

Die Beziehung vertiefen

Für welches Abenteuer haben Sie sich entschieden und inwiefern verlangt es Ihnen etwas ab? Notieren Sie weitere „Abenteuer", die Sie gern noch ausprobieren würden.

....

....

....

....

Die Beziehung zu Gott vertiefen

Nie will ich verschweigen, dass du für Recht sorgst. Vor der ganzen Gemeinde rede ich von deiner Treue und Hilfe; ich erzähle, wie ich deine große Liebe erfahren habe.
Psalm 40,11

Herr, danke für deine Liebe und Gnade, die du uns jeden Tag wieder neu schenkst.

Highlights des Dates

....

....

....

....

Apropos

In einem Radiointerview mit uns sagte der Moderator Michael Patrick Shiels: „Ihre zentrale Botschaft ist also, dass man im Hinblick auf die Romantik in der Beziehung das, was früher in der ersten Verliebtheit automatisch passierte, jetzt bewusst planen und sich dafür entscheiden muss?"

Genau: Planung ist so wichtig. Wir sollten uns bewusst dafür entscheiden, die Romantik in unseren Begegnungen und auch in unseren Verabredungen nicht aus den Augen zu verlieren – und das können wir zum Beispiel dadurch erreichen, dass wir sie in gewisser Hinsicht planen. Also blättern Sie doch mal in Ihrem Kalender und tragen Sie gleich Ihre nächste romantische kleine Auszeit ein.

Das Feuer in Gang halten

Feuer hat etwas, gleichgültig, ob im Freien in einer Feuerschale oder einem Außenkamin, an einem Lagerfeuer oder im Kamin im Haus. Ein abendliches Feuer sorgt immer für eine romantische Atmosphäre. Und wo ein Feuer ist, da bekommt man fast automatisch Appetit auf S'Mores!

S'Mores sind im Grunde ein in Amerika erfundener Snack. Es handelt sich dabei um eine Art Sandwich, bestehend aus zwei Butterkeksen oder Crackern, mit über dem Feuer gerösteten und geschmolzenen Marshmallows und Schokotäfelchen dazwischen. Vorsicht, Suchtgefahr! Denn eigentlich ist S'More eine Verschmelzung der beiden Wörter *some more*, was so viel bedeutet wie *etwas mehr*.

Gehen Sie also in den Supermarkt und kaufen Sie jede Menge Marshmallows, Schokoladentafeln und Butterkekse. Machen Sie dann Feuer, und rösten Sie Marshmallows, um daraus S'Mores zu machen. Falls Sie nicht die Möglichkeit haben, ein offenes Feuer zu machen, können Sie auch Ihren Grill benutzen. Und wenn Sie keine

Lust auf Feuer, aber unbedingt auf S'Mores haben, dann tut es sogar die Mikrowelle, wobei Sie ohne echtes Feuer natürlich nicht in den Genuss der Lagerfeuer-Romantik kommen.

Wenn Sie so zusammengekuschelt am Feuer sitzen, können Sie sich auch über Kindheitserinnerungen austauschen – darüber, wie Sie Lagerfeuer gemacht haben, wie Sie zelten waren und Marshmallows, Würstchen oder Stockbrot gegessen haben. Sie könnten ebenfalls darüber sprechen, was Sie bei offenem Feuer empfinden, egal, ob es ein Lagerfeuer im Freien oder ein Kaminfeuer im Haus ist. Und tauschen Sie sich doch auch einmal darüber aus, welche neuen Erinnerungen Sie gern schaffen möchten.

Die Beziehung vertiefen

Welche neuen Erinnerungen möchten Sie gern schaffen?

....

....

....

....

Die Beziehung zu Gott vertiefen

Lass mich deinem Herzen nahe sein, so wie der Siegelring auf deiner Brust. Ich will einzigartig für dich bleiben, so wie der Siegelreif um deinen Arm. Unüberwindlich wie der Tod, so ist die Liebe, und ihre Leidenschaft so unentrinnbar wie das Totenreich! Wen die Liebe erfasst hat, der kennt ihr Feuer: Sie ist eine Flamme des Herrn.
Hohelied 8,6

Herr, bitte hilf uns, dass das Feuer der Liebe in unserer Beziehung weiterbrennt.

Highlight des Dates

....

....

....

....

Apropos

Wenn man Feuer macht, ist es wichtig, dass man dabei eines im Auge behält: Man muss sich darum kümmern. Ich (Jay) bin im Norden von Michigan aufgewachsen; wir hatten eine Holzofen-Heizung. Also mussten mein Vater und ich den gesamten Herbst hindurch Holz hacken, es an der Garagenwand stapeln und dann die tägliche Ration hereinholen, die dann wiederum neben dem Holzofen gestapelt und dann den Tag über verfeuert wurde, damit es im Haus warm blieb.

Das Problem dabei ist, dass man Feuer nicht allein lassen darf. Alle drei bis vier Stunden musste jemand Holz nachlegen, damit es warm blieb. Wir wechselten uns dabei ab, weil keiner von uns es riskieren wollte, in einer eisigen Winternacht im Kalten zu sitzen.

Was tun Sie in Ihrer Ehe dafür, dass das Feuer der Romantik nicht erlischt, sondern weiterbrennt und wärmt?

Wochenendtrip

Mal rauszukommen, und zwar nur zu zweit, ist wichtig für die Beziehung, besonders, wenn es darum geht, die Romantik am Leben zu halten. Gibt es ein Wochenende, an dem Sie beide freihaben? Wie wäre es, wenn Sie einfach einmal ein paar Tage wegfahren? Sagen Sie ihm – oder ihr – nicht, was Sie vorhaben, aber vergewissern Sie sich, dass in seinem bzw. ihrem Kalender keine anderen Termine eingetragen sind. Suchen Sie ein hübsches Hotel aus, bei dem Sie sich finanziell nicht allzu sehr verausgaben müssen – falls Ihr Geldbeutel dies hergibt, könnten Sie sogar die Honeymoon-Suite buchen. Überraschen Sie Ihren Partner mit einem Wochenende im Hotel – ohne zusätzliches Programm, nur einem einzigen Tagesordnungspunkt: Zeit miteinander zu verbringen. Ohne Kinder, ohne Verpflichtungen, nur Sie beide.

Sprechen Sie in der gemeinsamen Zeit darüber, wie wichtig es ist, ab und zu die Alltagsroutine zu durchbrechen. Wie wichtig hin und wieder ein kleiner Tapetenwechsel ist. Was erleben Sie daran als besonders schön? Wäre es Ihnen vielleicht möglich, regelmäßig solche kleinen Auszeiten zu machen – ein Mal pro Quartal oder wenigstens ein Mal im Jahr?

Die Beziehung vertiefen

Schreiben Sie all das Positive auf, das Sie in Ihrer kleinen Auszeit erlebt haben, damit Sie sich beide daran erinnern. Legen Sie einen Termin für Ihre nächste romantische Auszeit fest und vielleicht auch schon mögliche Reiseziele.

....

....

....

....

Die Beziehung zu Gott vertiefen

Komm, mein Geliebter, wir wollen aufs Feld hinausgehen und die Nacht zwischen wilden Blumen verbringen.
Hohelied 7,12

Danke, Herr, dafür, dass wir diese gemeinsame Zeit erleben dürfen. Danke für die Nähe, die wir nach dieser Zeit zu zweit empfinden. Bitte erinnere uns daran, die Bedeutung solcher gemeinsamen Auszeiten auch in Zukunft nicht aus dem Blick zu verlieren.

Highlights des Dates

....

....

....

....

....

Apropos

Wir haben es uns vom Beginn unserer Ehe an zur Gewohnheit ge-macht, an unserem Hochzeitstag wegzufahren. Am Anfang, als wir noch in der Jugendarbeit tätig waren, waren wir immer nur einen Tag lang unterwegs, weil wir uns kein Hotelzimmer leisten konnten, aber mit der Zeit waren wir dann in der Lage, ein, zwei Hotelüber-nachtungen zu finanzieren, und so verreisen wir seither immer für ein verlängertes Wochenende (meistens nach Chicago).

Es gab nur ein Jahr, in dem wir von dieser Gewohnheit abwichen: als unsere Tochter Grace ihren Highschoolabschluss machte. Wir beschlossen, in dem betreffenden Jahr unsere Chicagoreise ausfal-len zu lassen, weil wir einige zusätzliche Ausgaben hatten und es außerdem Grace' letztes Jahr bei uns zu Hause war.

Als wir unserer Tochter sagten, dass wir anlässlich unseres Hochzeitstags nicht wegfahren würden, stutzte sie und meinte dann: „Moment mal, wieso fahrt ihr denn nicht nach Chicago?" Und dann folgte ein Vortrag darüber, dass wir uns selbst nicht an das hielten, was wir anderen predigten. Sie war sehr enttäuscht von ihren Eltern. Uns wurde in diesem Moment klar, dass diese gemeinsamen Auszeiten von der Familie auch unseren Kindern zeigen, wie wichtig uns die Beziehung zum Ehepartner / der Ehepartnerin ist. Seit damals haben wir keine Hochzeitstagsreise mehr ausfallen lassen.

Drachen steigen lassen

Mit dem Herbst kommt der Wind (manchmal auch der Sturm). Das ist die perfekte Zeit, um Drachen steigen zu lassen.

Vorbereitungen
- Gehen Sie in ein Spielzeuggeschäft oder einen Drachenladen und kaufen Sie einen Drachen.
- Schauen Sie auf Ihrer Wetter-App nach, ob für einen der nächsten Samstage Wind vorhergesagt ist.

Ein Teil des Spaßes bei diesem Date besteht darin, den Drachen gemeinsam zusammenzubauen. Hier ein kleiner Tipp: Tun Sie das nicht erst, wenn Sie dort angekommen sind, wo Sie den Drachen steigen lassen wollen, sondern schon vorher zu Hause, damit das „Projekt" nicht noch durch fehlende Teile oder eventuelle Beschädigungen ins Wasser fällt.

Machen Sie unterwegs halt beim Supermarkt, um Getränke und Knabbereien zu kaufen, die Sie schon als Kinder mochten. Und dann suchen Sie sich eine Stelle aus, wo viel Platz ist – ein Stoppelfeld oder eine große, etwas abgelegene Wiese in einem Park –, und testen Sie Ihr Können im Drachensteigen lassen. Vielleicht findet in Ihrer Umgebung sogar ein Drachenfest statt – ein ganz besonderes Erlebnis mit vielen verrückten Drachen jeder Couleur. Wechseln Sie sich beim Lenken des Drachens ab, und erleben Sie noch einmal den Spaß, den Sie als Kinder an dieser Aktivität hatten.

Tauschen Sie sich bei dieser Gelegenheit darüber aus, welche Dinge in Ihrem Alltag Sie zurzeit daran hindern, eine solche kindliche Freude und Begeisterung öfter zu erleben.

Die Beziehung vertiefen

Notieren Sie Ihre „Spaßräuber".

....

....

....

....

Die Beziehung zu Gott vertiefen

Schenke mir wieder Freude, Herr, denn mein Leben liegt in deiner Hand.
Psalm 86,4

Vater im Himmel, wir preisen dich als den, der Freude im Überfluss schenkt. Ich bitte dich, uns bewusst zu machen, wie wichtig es ist, dass wir auf unserem gemeinsamen Weg als Ehepaar immer wieder deine Nähe suchen und uns von dir Freude schenken lassen.

Highlights des Dates

....

....

....

....

Apropos

Wir saßen an einem Campingtisch am Strand und schrieben an diesem Buch. Es war ein herrlicher Septembertag in Myrtle Beach, South Carolina, der perfekte Tag zum Schreiben. Der Himmel war strahlend blau, nur mit ein paar weißen Wölkchen gesprenkelt, das Meer war ein bisschen unruhig, und eine Brise wehte gerade so stark, dass das Wasser und der Strandhafer ein wenig in Bewegung gerieten.

Nachdem wir ein paar Stunden gearbeitet hatten – die Sonne wanderte schon dem Horizont zu –, kam eine vierköpfige Familie mit ein paar Drachen an den Strand. Wir schauten den vieren zu, wie sie sich abmühten, die Drachen in die Luft zu bekommen und dann auch dort zu halten. Doch sie legten dabei erstaunlich viel Ausdauer an den Tag. Als die Drachen schließlich alle in der Luft waren, war das ein wunderschöner Anblick. Jeder der vier Drachen schien die Persönlichkeit seines Besitzers oder seiner Besitzerin widerzuspiegeln, von dem bzw. der er gelenkt wurde. Der Drachen des Mädchens war pink- und lilafarben, der des Jungen hatte ein wildes Drachengesicht. Der Drachen des Vaters war rot und schwarz und der der Mutter hatte die Form eines farbenfrohen Schmetterlings. Sie hatten so viel Spaß dabei, ihre Drachen im Wind fliegen zu lassen, und alle kreischten laut, wenn einer der Drachen in den Sturzflug ging.

Zuzuschauen, wie viel Spaß die vier hatten, aber auch, dass sie sich für diesen Spaß ein bisschen anstrengen mussten, ist der Grund, weshalb wir dieses Date mit in das Buch aufgenommen haben. Ein Date kann auf jeden Fall Spaß machen, aber es erfordert eben auch ein bisschen Mühe und Einsatz. Seien Sie dabei hartnäckig und ausdauernd, und hören Sie nie auf, Raum für solchen Zeiten zu zweit zu schaffen.

Ein älterer Herr sagte einmal die weisen Worte zu uns: „Sagen Sie den jungen Leuten, dass das, wodurch man seinen Partner bekommen hat, genau dasselbe ist, wodurch man ihn auch behält." Wie wahr!

Das Frühjahrsputz-Date

€ 🕐 🕐 🕐 🕐 ♥ ♥

Notieren Sie sich dieses ungewöhnliche Date im Terminkalender, damit Sie beide im Blick haben, *dass es* ansteht und wann es auf Sie zukommt.

Planen Sie einen ganzen Samstag ein, um das Haus von oben bis unten zu putzen oder für Ordnung zu sorgen. Arbeiten Sie möglichst immer im gleichen Zimmer, damit Sie sich beim Putzen über all die alltäglichen Kleinigkeiten unterhalten können, die gerade anstehen oder die Sie beschäftigen.

- Stauben Sie alles ab – Regale, Türrahmen, Heizkörper, Lampen.
- Putzen Sie alle Fenster und reinigen Sie Jalousien und Rollläden von innen und außen.
- Wischen Sie alle Fronten (auch die der Möbel) und die Zimmertüren feucht ab.
- Saugen und wischen Sie die Böden in jedem Raum.
- Und wenn Sie fertig sind, können Sie mit der Garage weitermachen.

Hören Sie bei der Arbeit Musik, die Ihnen beiden gefällt, damit Sie Ihre gute Laune behalten und Ihnen die Arbeit besser von der Hand geht.

Für die Mittagszeit oder für den Feierabend könnten Sie Pizza bestellen – eine kleine Belohnung kann nie schaden. Beim Essen können Sie sich dann über eine der herausfordernsten Fragen austauschen: Gibt es Dinge in unserer Beziehung, die gerade einen „Frühjahrsputz" gebrauchen könnten? Hier einige Beispiele:

- Finanzen
- Sexualität
- Erwartungen an den Partner
- Grenzen setzen innerhalb der Familie oder gegenüber der erweiterten Familie
- Umgangston

Die Beziehung vertiefen

Notieren Sie sich den Bereich Ihrer Ehe, der einen Frühjahrsputz gebrauchen könnte, und erstellen Sie einen Plan, wie Sie das angehen wollen.

Die Beziehung zu Gott vertiefen

Denn der Herr sieht ganz genau, was ein Mensch tut, er achtet auf jeden Weg, den er geht.
Sprüche 5,21

Jesus, du weißt, dass _____ ein Problembereich in unserer Ehe ist, den nur du ändern und heilen kannst. Ich bitte dich, uns zu helfen, uns an dich zu wenden, damit du uns hilfst, wieder mehr zusammenzuwachsen.

Highlights des Dates

....

....

....

....

Apropos

Das Haus, in das wir zogen, hatte vorher einer Frau gehört, die in der Lotterie gewonnen hatte. Obwohl die Familie im Laufe der Zeit praktisch jeden Quadratzentimeter davon einfach hatte verkommen lassen, war die Bausubstanz des Hauses gut. Und auch wenn wir den geforderten Preis unterboten, erhielten am Ende wir den Zuschlag.

Seither sind zwanzig Jahre vergangen. Wir haben viel Arbeit und Schweiß in das Haus gesteckt und alles in Ordnung gebracht, was kaputt oder heruntergekommen war. Das letzte Projekt, das noch übrig war, war das Bad. Als Vorbereitung für die Renovierung räumten wir alle Badezimmerschränke aus und reinigten sie. Dabei fanden wir uralte, längst abgelaufene Salben, Tabletten und Kosmetika. Es war zum Schreien, erinnerte uns aber auch daran, in Bezug auf unsere Ehe ebenfalls jedes Jahr Frühjahrsputz zu halten.

Flohmärkte

Nicht nur in den warmen Monaten haben Flohmärkte Saison. Schauen Sie in der Zeitung oder im Wochenblättchen oder im Internet nach, wo an dem betreffenden Samstag oder Sonntag Flohmärkte stattfinden, und suchen Sie sich zwei aus. Und dann heißt es: Planen Sie für das betreffende Wochenende zwei Vormittagsdates, und zwar einen Wettstreit, dessen Highlight am Ende ein Mittagessen ist.

Setzen Sie die Regeln fest:

- Jeder von Ihnen sucht nach einem ganz besonderen „Schatz".
- Sie dürfen beide nicht mehr als fünf Euro ausgeben.
- Sie müssen bei mindestens zwei Flohmärkten gewesen sein, bevor der Wettbewerb beendet ist.

Und jetzt viel Spaß und gute Jagd! Vielleicht finden Sie ja vier Schätze für jeweils etwas über einem Euro oder Sie geben Ihre fünf Euro für nur einen Schatz aus. Die Entscheidung liegt ganz bei Ihnen.

Küren Sie am Ende des Wettbewerbs den Gewinner bzw. die Gewinnerin, die dann das Lokal oder das Restaurant für das gemeinsame Essen aussuchen darf. Tauschen Sie sich beim Mittagessen dann über die Erinnerungen aus, die für Ihre Beziehung wie Schätze sind.

Die Beziehung vertiefen

Schreiben Sie auf, welche Anzeichen dafür sprechen, dass Sie in Ihrer Ehe wertgeschätzt werden.

....

....

....

....

Die Beziehung zu Gott vertiefen

Doch diesen kostbaren Schatz tragen wir in zerbrechlichen Gefäßen, nämlich in unseren schwachen Körpern. So kann jeder sehen, dass unsere Kraft ganz von Gott kommt und nicht unsere eigene ist.
2. Korinther 4,7

Vater, lass uns bitte bei all dem Austausch über unsere wertvollen Erinnerungen nicht den Schatz vergessen, den wir in deinem Sohn Jesus haben. Amen.

Highlights des Dates

....

....

....

....

Apropos

Ich miete einen Stand auf Flohmärkten, um all das Zeug loszuwerden, das ich auf Flohmärkten gekauft habe!
Unbekannt

Für mich ist, einen echten Schatz zu finden, so, als würde man ein Dutzend unbenutzter Titleist-Pro-V1-Golfbälle auf einem Flohmarkt finden.
Jay Laffoon

Einen echten Schatz zu finden ist so, als würde man eine antike Teekanne auf einem Flohmarkt finden.
Laura Laffoon

Was wir als kostbar empfinden, kann völlig unterschiedlich sein, aber was für Ihren Ehepartner oder Ihre Ehepartnerin kostbar ist, sollte es auch für Sie sein.

Mach mal Pause

€ € € 🕐 ♥

Es ist Frühling und die Sonne wärmt das Land! Überall im ganzen Land finden auch in den unteren Ligen Fußballspiele statt, die unterhaltsam und außerdem bezahlbar sind. Es muss ja nicht immer die 1., 2. oder 3. Liga sein – in Ihrem Heimatort gibt es bestimmt auch eine Mannschaft, die dankbar ist, wenn man sie anfeuert.

Essen und Getränke sind dort ebenfalls viel preiswerter als bei den Spielen der höheren Ligen. Deshalb eignen sich solche Fußballspiele hervorragend dafür, wenn man nicht so viel Geld für ein kostspieligeres Date hat.

In der Halbzeitpause könnten Sie sich dann darüber austauschen: „Wenn Geld keine Rolle spielen würde, wo würdest du dann gern einen 14-tägigen Urlaub verbringen?"

Gibt es ein Ziel, das Sie beide interessiert oder fasziniert? Dann recherchieren Sie doch später zu Hause, wie viel so ein Urlaub dort kosten würde. Wie viel Geld könnten Sie monatlich zurücklegen, um sich diesen Wunsch zu erfüllen? Wie lange müssten Sie dafür sparen?

Die Beziehung vertiefen

Schreiben Sie Ihr Urlaubsziel auf, und notieren Sie auch, wie viel Geld Sie bräuchten, um Ihren Traum von einem Urlaub Wirklichkeit werden zu lassen.

....

....

....

....

....

Die Beziehung zu Gott vertiefen

Vertraue von ganzem Herzen auf den Herrn und verlass dich nicht auf deinen Verstand. Denke an ihn, was immer du tust, dann wird er dir den richtigen Weg zeigen.
Sprüche 3,5–6

Lieber Gott, wir haben ein paar wirklich große Träume, aber du bist noch größer. Hilf uns, bei allem, was wir planen, nicht aus dem Blick zu verlieren, dass du derjenige bist, der uns auch unsere finanziellen Mittel anvertraut hat, und dass du es bist, der uns den Weg ebnet.

Highlights des Dates

....

....

....

....

Apropos

Wir sind beruflich viel unterwegs. Bei unseren etwa 80 *Ultimate-Date*-Shows im Jahr kommen wir sowohl an sehr schöne Orte als auch an nicht so schöne. Das Reisen liegt einem entweder im Blut oder nicht. Manche Leute bleiben lieber zu Hause, als irgendwohin in den Urlaub zu fahren.

Aber beim Urlaub geht es ja eigentlich auch nicht nur um einen Tapetenwechsel, sondern darum, sich auszuruhen und auszuspannen. Urlaub ist laut dictionary.com „das Ruhen-Lassen der Arbeit, um sich zu entspannen, zu regenerieren und wieder zu Kräften zu kommen". Sich auszuruhen ist sowohl für den Körper als auch für die Seele gut – und Gleiches gilt auch für unsere Beziehung. Auch sie braucht regelmäßig Ruhe und Erholung.

Wir haben gerade unsere Wintertournee beendet, bei der wir an 30 von 55 Tagen unterwegs waren und 35 000 Flugkilometer zurückgelegt haben. Wie viele Autokilometer noch dazukommen, will ich gar nicht wissen! Als wir zu unserer letzten Veranstaltung unterwegs waren, sahen wir einander an und waren uns darüber einig, dass wir an diesem Wochenende sehr nachsichtig miteinander umgehen mussten, weil wir beide so erschöpft waren.

Wir landeten in Detroit und hatten von dort aus bis zum endgültigen Abschluss der Tour noch eine zweistündige Autofahrt vor uns.

Als wir am Gepäckband standen, erfuhren wir, dass ein Gepäckstück erst am nächsten Tag eintreffen würde. Nun ja, das war zwar nicht schön, aber auch kein Weltuntergang, denn die Fluggesellschaft würde uns das Gepäckstück nach Hause liefern – also kein Problem. Ich (Laura) fing an, ein paar Unterlagen zusammenzuräumen, und stellte dabei fest, dass ich mein iPad im Flieger liegen gelassen hatte. Also noch mal zurück zum Schalter der Fluggesellschaft, um zu schauen, was da noch zu machen war. Was folgte, waren etliche Telefonate, eine Stunde Wartezeit, aber kein iPad.

Jetzt wurde es wirklich Zeit, sich auszuruhen.

Lass es rocken!

€ € € 🕐 🕐 ♡ ♡ ♡

Livemusik ist einfach toll und kann den Funken in Ihrer Beziehung immer wieder neu entfachen, besonders, wenn auch noch getanzt wird! Höchstwahrscheinlich gibt es irgendwo in Ihrer Nähe ein Lokal mit Livemusik. Finden Sie das mithilfe des Internets oder der Zeitung heraus und verabreden Sie sich zu einem Abend mit Musik – egal, ob Sie einfach nur entspannt der Band lauschen, halbwegs professionell übers Parkett tanzen können oder wild zur Rockmusik hüpfen.

Denken Sie an diesem Abend gemeinsam darüber nach, wo Sie außer im Auto auf dem Weg zur Arbeit sonst noch Musik in Ihr Leben integrieren können.

Die Beziehung vertiefen

Was bedeutet Musik für jeden von Ihnen? Schreiben Sie auf, wie und wo Musik in Ihrem Leben eine größere Rolle spielen könnte.

....

....

....

....

Die Beziehung zu Gott vertiefen

Dann will ich Gottes Namen mit einem Lied loben und ihm von ganzem Herzen danken.
Psalm 69,31

Herr, bitte erinnere uns immer wieder daran, dass wir dich auch mit Musik loben und dir damit danken können.

Highlights des Dates

....

....

....

....

....

Apropos

Unser Sohn Torrey und seine Frau Shana sind nach Houston gezogen, wo Shana noch ein letztes Praktikum für ihren Doktor in Audiologie absolvieren musste. Der Umzug fand im Mai statt, aber wir konnten die beiden aus terminlichen Gründen erst im August besuchen.

Sie wollten mit uns unbedingt auch in ihrem Lieblingsrestaurant essen gehen, weil es dort großartige Livemusik gab. Was sie allerdings nicht erwähnt hatten, war, dass es nur Außengastronomie gab ... im texanischen Houston ... im August! Es war unerträglich heiß!!

Gott sei Dank ziehen Torrey und Shana wieder zurück nach Michigan, sodass wir nicht noch einmal in die Hitze von Houston zu reisen brauchen. ☺

Ein Tag am Strand

Es ist seltsam, aber Wasser – egal, ob in Form eines Sees oder des Meeres – hat eine unglaublich beruhigende Wirkung auf die Seele. Aufs Wasser zu schauen und dort zu spielen, entschleunigt und hilft, innerlich durchzuatmen. Planen Sie für einen Samstag einen Ausflug ans Wasser, und zwar nur für Sie beide. Leben Sie in der Nähe des Meeres? Gibt es bei Ihnen einen See? Dann packen Sie ein paar gemütliche Campingstühle und Decken ein, vielleicht noch eine Strandmuschel als Wind- und Sonnenschutz sowie ein Picknick. Sie können aber natürlich auch unterwegs Essen und Getränke einkaufen. Vergessen Sie nicht die Sonnencreme, etwas zu lesen und vielleicht einen Ball oder andere Strandspiele. Nutzen Sie den Tag einfach, um ein wenig herunterzufahren und zu entspannen, und versuchen Sie, in der Zeit am Wasser innerlich zur Ruhe zu kommen.

Wenn Sie nach einer Weile etwas entspannter sind und wieder durchatmen können, könnten Sie sich darüber austauschen, wie Sie auch ohne einen solchen Ausflug ans Wasser zu Hause etwas entspannen und entschleunigen könnten. Wie können Sie Momente in Ihren Alltag einbauen, in denen Sie innerlich ein bisschen zur Ruhe kommen?

Die Beziehung vertiefen

Schreiben Sie auf, wie Sie ganz praktisch für mehr Ruhe in Ihrem Leben sorgen können.

....

....

....

....

Die Beziehung zu Gott vertiefen

Er lässt mich in grünen Tälern ausruhen, er führt mich zum frischen Wasser.
Psalm 23,2

Herr, führe uns zum frischen Wasser, und erinnere uns jeden Tag aufs Neue daran, zu entschleunigen und durchzuatmen und regelmäßig Zeit miteinander und mit dir zu verbringen.

Highlights des Dates

....

....

....

....

Apropos

Ich (Jay) hatte früher für Strand und Meer wenig übrig. Schon als Kind fand ich es schrecklich, erst in der Sonne zu schwitzen und dann mit Sand „paniert" zu werden. Aber Laura liebt das Meer und im Laufe der Zeit habe auch ich es lieben gelernt.

Wie es dazu kam? Ich habe mir einen gemütlichen Strandstuhl und einen Sonnenschirm gekauft. Es ist nicht immer leicht, das zu lieben, was der Ehepartner liebt. Man braucht ein bisschen Anpassungsfähigkeit und vor allem Geduld. Aber es lohnt sich, denn die positiven Auswirkungen sind erstaunlich. Jetzt liebe auch ich es, am Strand zu entspannen und meine Seele beim Wellenrauschen zur Ruhe kommen zu lassen.

Wie sieht es bei Ihnen aus? Haben Sie schon einmal erlebt, dass es positive Auswirkungen hatte, wenn Sie versucht haben, sich für etwas zu begeistern, das Ihr Partner liebt?

Eine Runde kuscheln

Merken Sie auch, dass es kälter wird? Wenn der Sommer in den Herbst übergeht, die Abende und Nächte länger werden und das Laub sich bunt färbt, dann zieht es uns wieder mehr ins Haus. Machen Sie doch heute Abend nach dem Essen mal ein wenig Punsch aus Apfelwein oder Apfelsaft mit etwas Glühweingewürz und wickeln Sie sich auf dem Sofa vor dem Kamin gemütlich in eine Decke. Und falls Sie keinen echten Kamin haben: Bei Netflix und Co. gibt es bestimmt Kaminfeuerfilmchen!

Kuscheln Sie sich eng aneinander, sprechen Sie über Ihr Liebesleben und darüber, wie Sie Ihrer Beziehung noch ein bisschen mehr Feuer verleihen könnten.

Lesenswert

Neue Bücher von Gerth Medien

„Viele Erlebnisse, die ich mit Tieren hatte, sind für mich zu Gleichnissen geworden. Ich habe dadurch bestimmte Aspekte von Gottes Wesen und seinem Handeln kennengelernt und biblische Wahrheiten auf ganz praktische Weise verstanden."

Martina Merckel-Braun, Herausgeberin

Gast im Podcast *Der Flügelverleih*

52 Andachten für Tierfreunde

Von Kindheit an haben Tiere verschiedenster Art das Leben von Autorin und Übersetzerin Martina Merckel-Braun geprägt und bereichert. Mit viel Humor und Herzenswärme berichtet die Wahl-Pfälzerin von den kleinen und großen Abenteuern, die sie mit ihren vierbeinigen und gefiederten Wegbegleitern erlebt hat – und was diese Erfahrungen sie über Gott und unser menschliches Miteinander gelehrt haben. Ein Buch mit glaubensstärkender Wirkung – ganz besonders für diejenigen, die selbst gern Tiere um sich haben.

Martina Merckel-Braun • Wegbegleiter mit Fell und Flügeln • Gebunden
240 Seiten • € 17,– (€ [A] 17,50/CHF 23,–*) • ISBN 978-3-95734-981-1 • Nr. 817981

„Solomon hilft Jodi Stuber dabei, ihr Herz zu heilen und sie lernt neu, Menschen und Gott zu vertrauen. Ihr authentischer Glaube ist eine große Ermutigung."

Siglinde Heck,
Buchhandlung der
Liebenzeller Mission

Ein vereinsamtes Pferd findet ein neues Zuhause und berührt Herzen

Der Wallach Solomon ist als Einziger seiner Herde übrig geblieben und verkümmert zusehends. Jodi Stuber beschließt, ihn als weiters Therapiepferd für ihre *HopeWell*-Ranch aufzunehmen. Nicht zuletzt, da sie selbst nur allzu vertraut ist mit dem Gefühl von Verlust und Trauer … Der Prozess der Heilung ist für keinen von beiden einfach. Doch letzten Endes gelingt es Solomon, Jodi eine wichtige Lektion über Authentizität, Vertrauen und Opferbereitschaft zu lehren. Und darüber, dass jeder von uns eine wichtige Rolle spielt – für seine Mitmenschen ebenso wie für Gott.

Marshall Bleakley / Stuber • Solomon • Klappenbroschur • Mit s/w Bildteil • 304 S.
€ 18,– (€ [A] 18,60/CHF 24,30*) • ISBN 978-3-95734-973-6 • Nr. 817973

„Was für ein ermutigendes
Andachtsbuch,
besonders weil es von
Frauen geschrieben
wurde, die selbst eine
Krebserkrankung
durchlebt haben. Sie
sind ein Beispiel dafür,
dass Gott auch in der
Krankheit Hoffnung
schenken kann.“

Kay Marshall Strom,
Autorin

Mutmachende Impulse
für harte Zeiten

Wenn Frauen die Diagnose „Krebs" gestellt bekommen, kann es sie
völlig aus der Bahn werfen. Angst und medizinische Behandlungen
bestimmen plötzlich den Alltag. In solchen Zeiten ist geistliche
Begleitung eine starke und wertvolle Stütze. In diesem Buch finden
sich 90 Andachten, die Mut machen, diesen Kampf an Gottes Seite
durchzustehen. Ebenfalls von Krebs betroffene Autorinnen erzählen
von ihren eigenen Ängsten und wie diese letztlich in tiefe Zuversicht
verwandelt wurden.

Susan Sorensen / Laura Geist (Hg.) • Verliere nich den Mut • Gebunden • 224 S.
€ 18,– (€ [A] 18,60/CHF 24,30*) • ISBN 978-3-95734-935-4 • Nr. 817935

> „Eine wunderbare
> Geschenkidee für
> Menschen im besten
> Alter."
>
> Leserstimme

Andachten für Menschen im besten Alter

Viele Menschen in unserer Gesellschaft glauben, nur die Jugend würde zählen. Doch bei Gott gibt es keine Altersbegrenzung und auch in unseren späten Lebensjahren können wir noch einen wichtigen Beitrag für unsere Welt und für Gottes Reich leisten. Viele biblische Geschichten und aktuelle Beispiele belegen, dass Gottes Berufung für einen Menschen nicht mit seiner Berufstätigkeit endet. Dieses Andachtsbuch ist für Menschen ab 65 Jahren geschrieben. Es inspiriert dazu, den Alltag erfüllend zu gestalten und dabei auch ein Segen für andere zu werden. Eine wunderbare Geschenkidee für Menschen im besten Alter.

Bruce Gordon • Kraft für heute – Hoffnung für morgen • Gebunden • ca. 192 S.
€ 17,– (€ [A] 17,50/CHF 23,–*) • ISBN 978-3-95734-807-4 • Nr. 817807

„Wenn Sie auf der Suche nach Ideen für leicht-füßige, romantische, in jedem Fall aber unvergessliche gemeinsame Unternehmungen sind, dann werden Sie hier fündig. Jedes Paar auf diesem Planeten sollte dieses Buch lesen."

Ken Davis, Autor

Ideen für mehr Zeit zu zweit

Heute Abend schon was vor? Wenn du deine Beziehung gesund und lebendig halten willst, sind regelmäßige „Date Nights" eine tolle Sache. Hier findest du 52 Ideen für romantische, aktive und tiefgehende Dates, die dir bestimmt in Erinnerung bleiben und die Beziehung zu deinem Partner vertiefen werden. Und dank der Gesprächsanregungen, der Gebetsideen und der inspirierenden Bibelverse auch die zu Gott.

Jay & Laura Laffoon • Heute Abend schon was vor? • Gebunden • 176 Seiten
€ 16,– (€ [A] 16,50/CHF 21,60*) • ISBN 978-3-95734-903-3 • Nr. 817903

> „Ich liebe dieses Andachtsbuch! Es zeigt mir, dass ich mit meinen Gedanken und Ängsten nicht allein bin und ich alles vor Gott bringen kann. Er kümmert sich um alles, was wichtig ist."
>
> Leserstimme

366 Liebesbriefe an Gott

Du sehnst dich danach, mit Jesus im Gespräch zu sein. Doch oft hast du im Alltag keine Zeit dafür oder findest nicht die richtigen Worte? Dieses Andachtsbuch enthält ein Gebet für jeden Tag des Jahres, mit denen du dich in jeder Lebenslage an Gott wenden und ihm nah sein kannst. In welcher Situation auch immer du dich befindest: Die 366 Liebesbriefe an Jesus helfen dir, deine Beziehung zu ihm zu vertiefen und dir bewusst zu machen, dass er dir seinen Frieden schenken will. Jetzt als handliche Ausgabe mit Gummizug und Flexcover.

Sarah Young • Du schenkst mir deinen Frieden – Sonderausgabe
Flexcover • 400 Seiten • ca. 11 x 16 cm • € 18,– (€ [A] 18,60/CHF 24,30*)
ISBN 978-3-95734-982-8 • Nr. 817982

Viele Menschen tun sich schwer damit, in ihrem Alltag einen gewinnbringenden Zugang zur Bibel zu finden. Dieses Buch zeigt, wie sie ein Wegbegleiter und zur persönlichen Kraftquelle werden kann. Eine lohnende Reise rund um das Buch der Bücher, voller Aha-Erlebnisse und konkreter Anregungen für den täglichen Gebrauch.

Tricia Lott Williford • Ein Buch wie kein anderes • Broschur • 224 Seiten
€ 17,– (€ [A] 17,50/CHF 23,–*)
ISBN 978-3-95734-892-0 • Nr. 817892

Diese Übertragung des Neuen Testaments liest sich wie ein Roman. Dadurch erweckt sie das Geschehen intensiv und bildhaft zum Leben. Dabei vereint Fred Ritzhaupt die frische Lebendigkeit der heutigen Sprache mit einer hohen Treue zum griechischen Urtext. Und macht den Gott erfahrbar, den Jesus als Vater vorgestellt hat.

Fred Ritzhaupt
Willkommen daheim (Floral Edition)
Gebunden • 784 Seiten
€ 14,95 (€ [A] 15,40/CHF 20,20*)
ISBN 978-3-95734-980-4 • Nr. 817980

Gast im Podcast *Der Flügelverleih*

Mit Krisen richtig umgehen

Wir versagen und scheitern alle. Manche offensichtlicher als andere. Aber die Scham darüber, der Schmerz und das Loslassen von Träumen verbindet uns alle. Priska Lachmann schreibt darüber, wie man mit Misserfolgen umgehen und was man vom Scheitern lernen kann. Und warum sie glaubt, dass Gott Imperfektion liebt. Ein ehrliches, Mut machendes Buch übers Scheitern, Gnade und Neuanfänge.

Priska Lachmann • Immer besser scheitern • Klappenbroschur • zweifarbig
256 S. • € 18,– (€ [A] 18,60/CHF 24,30*) • ISBN 978-3-95734-904-0 • Nr. 817904

„Mit diesem Buch möchte ich Sie einladen, mit mir einige Stippvisiten auf den Hoffnungsfeldern des christlichen Glaubens zu machen."

Heinrich Christian Rust

Christliche Perspektiven zur Zukunft

Welche Zukunft hat diese Erde? Welche Bedeutung hat das Jüngste Gericht? Wie kommt Gott zum Ziel mit seinen Verheißungen? Diesen und weiteren Fragen gehen die Beiträge in diesem anspruchsvollen Buch nach. Der Herausgeber ist davon überzeugt, dass die biblischen Texte diverse Zukunftsperspektiven aufzeigen. Der lebendige Gott und die biblischen Texte wollen unser Leben neu mit Vertrauen, Liebe und Hoffnung erfüllen. Das sind jene bleibenden Motivationen und Kraftquellen, die in Zeiten der massiven Bedrohungen und globalen Krisen zu einer Ethik der verantwortlichen Hoffnung führen.

Heinrich Christian Rust (Hg.) • Zuversichtlich leben • Gebunden • ca. 256 Seiten
€ 20,– (€ [A] 20,60/CHF 27,–*) • ISBN 978-3-95734-784-8 • Nr. 817784

„Gottes Herz schlägt für seine Kinder. Berührende Geschichten aus Nicole Schmidts Familienleben lassen tiefe Wahrheiten über die Vaterliebe Gottes in unser Herz fallen."

Ellen Fritsche, Lektorin

Spuren der Liebe Gottes im Familienalltag entdecken

„Was möchte Gott mich durch meine Kinder lehren?" In diesem Buch erzählt Nicole Schmidt verschiedene Episoden, die sie mit ihren beiden Töchtern erlebt hat und die auch anderen Eltern bekannt vorkommen dürften. Da gibt es beispielsweise Situationen über missachtete Verbote, die erst zum Chaos und dann zur Vergebung führen. Man kann nur staunen, wie viele Familienmomente die Chance für Freude und Zufriedenheit bergen. Ein Buch, dass deiner Seele guttun und deine Sicht auf Gottes Vaterherz und Liebe zu dir vertiefen wird.

Nicole Schmidt • Einfach Kind sein • Gebunden • ca. 160 Seiten
€ 14,95 (€ [A] 15,40/CHF 20,20*) • ISBN 978-3-95734-963-7 • Nr. 817963

„Dieses Buch macht auf atemberaubend schöne Weise bewusst, dass wir von Gott zutiefst geliebt, angenommen und gefeiert werden – und zwar nicht eines Tages, sondern genau jetzt!"

Shannon Ethridge, Autorin

Gottes Traum für dein Leben

Dieses Buch schenkt jeder Frau Hoffnung, die sich immer wieder fragt, ob sich ihr Leben jemals ändern wird, ob sie selbst sich jemals ändern wird. In ihrem wohl persönlichsten Buch nimmt Stacy Eldredge dich mit hinein in ihre Kämpfe um ein besseres Selbstwertgefühl, eine schlankere Figur und ihre Aussöhnung mit ihrer Vergangenheit. Gleichzeitig erklärt sie, wie Gott uns zeigen möchte, wer wir wirklich sind. Sie ermutigt dich, dein altes Denken über dich selbst loszulassen und stattdessen zu erfahren, welche wunderbaren Träume Gott für dich bereithält.

Stacy Eldredge • Werden, wie du mich siehst • Gebunden • 288 Seiten
€ 20,– (€ [A] 20,60/CHF 27,–*) • ISBN 978-3-95734-994-1 • Nr. 817994

> „Während der Übersetzung erlebte ich einen Aha-Moment nach dem anderen. Das entlastet, befreit und macht mich barmherziger – und es ist nur ein Detail aus dem dicken Paket an Einsichten, die dieses Buch zu bieten hat."

Beate Zobel, Übersetzerin

Mit dem Enneagramm zu mehr Zufriedenheit und Lebensfreude

Das Enneagramm ist ein bewährtes System zur Darstellung von Persönlichkeitstypen. Unzählige Leser haben darin schon einen wertvollen Schlüssel gefunden, um sich selbst und ihre Mitmenschen besser zu verstehen. Suzanne Stabile zeigt faszinierende Facetten der verschiedenen Persönlichkeitsmerkmale auf und geht dabei den Fragen nach, wie wir auf Stress und Anspannung reagieren, wie wir zu anderen auf Abstand gehen und wie wir uns auf die innere Reise der Ausgeglichenheit, der Versöhnung und Gemeinschaft begeben können.

Suzanne Stabile • Der Weg zum inneren Gleichgewicht • Gebunden • 304 Seiten
€ 20,– (€ [A] 20,60/CHF 27,–*) • ISBN 978-3-95734-936-1 • Nr. 817936

Dieses Geschenkbuch enthält viele wunderbare Bibelverse, Zitate, Lieder und Gedanken, die von Herzen kommen und Freude und Ermutigung schenken. Die ansprechende, durchgehend farbige Gestaltung mit den geschmackvollen Fotografien macht das Buch zu einer wertigen und inspirierenden Aufmerksamkeit für jeden Anlass.

Schol / Plato (Hg.) • Gott segne dich
Gebunden • farbig • ca. 16 x 16 cm
48 Seiten • € 9,95 (€ [A] 10,30/CHF 13,40*)
ISBN 978-3-95734-989-7• Nr. 817989

Dieses Ermutigungsbuch voller Hoffnungsstrahlen ist genau dann das Richtige, wenn das Leben eher grau und verhangen ist. Es enthält Zitate, Gedanken, Bibelverse und Liedtexte für die schweren Zeiten des Lebens und wunderbare Farbfotografien. Eine besondere Geschenkidee, die Freude und Ermutigung schenkt!

Schol / Plato (Hg.) • Von guten Mächten wunderbar geborgen
Gebunden • farbig • ca. 16 x 16 cm
48 Seiten • € 9,95 (€ [A] 10,30/CHF 13,40*)
ISBN 978-3-95734-990-3 • Nr. 817990

> „Im stressigen Alltag neigen wir dazu zu vergessen, dass unser Schöpfer immer über uns wacht und uns den Weg zeigen will. Manchmal vergessen wir ihn; aber er vergisst uns nie."
>
> Leserstimme

366 ermutigende Andachten

Jeder von uns wird nahezu täglich mit Schwierigkeiten und Ängsten konfrontiert. In diesem Andachtsbuch erinnert Bestsellerautor Max Lucado daran, dass Gott uns ein Leben in Freiheit, Vertrauen und Mut schenken will – und nicht in Sorgen und Furcht. Richte dein Augenmerk nicht auf deine Probleme, sondern auf Gottes Versprechen! Das Buch enthält sorgfältig zusammengestellte Auszüge aus zahlreichen Werken von Max Lucado. Ein schönes und gehaltvolles Andachtsbuch und gleichzeitig ein inspirierender Begleiter durch das Jahr.

Max Lucado • Fürchte dich nicht, denn ich bin bei dir • Gebunden • 400 Seiten
€ 22,– (€ [A] 22,70/CHF 29,70*) • ISBN 978-3-95734-911-8 • Nr. 817911

Viele Bücher sind auch als eBook erhältlich.

GerthMedien

Diese Bücher erhältst du im Buchhandel oder unter www.gerth.de.
Irrtum, Preisänderung und Liefermöglichkeit vorbehalten.

*unverbindliche Preisempfehlung

Die Beziehung vertiefen

Schreiben Sie ein paar Ideen auf, wie Sie Ihre Beziehung noch ein bisschen romantischer gestalten könnten.

....

....

....

....

Die Beziehung zu Gott vertiefen

Komm und küss mich, küss mich immer wieder! Ich genieße deine Liebe mehr als den besten Wein.
Hohelied 1,2

Herr, bitte hilf, dass unsere Liebe zueinander stark bleibt, und schenke uns immer wieder neue Ideen, wie wir unsere Beziehung und die Gefühle füreinander vertiefen können.

Highlights des Dates

....

....

....

....

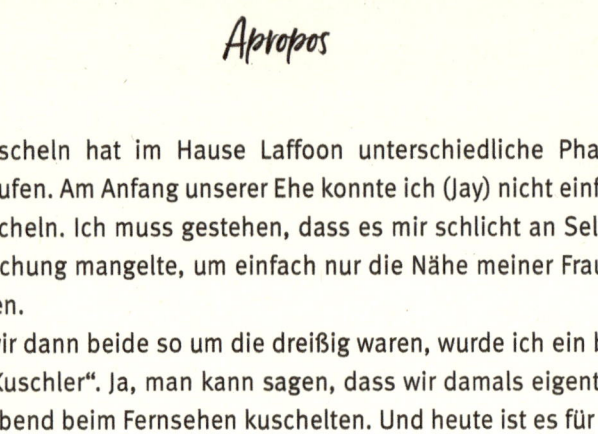

Apropos

Das Kuscheln hat im Hause Laffoon unterschiedliche Phasen durchlaufen. Am Anfang unserer Ehe konnte ich (Jay) nicht einfach nur kuscheln. Ich muss gestehen, dass es mir schlicht an Selbstbeherrschung mangelte, um einfach nur die Nähe meiner Frau zu genießen.

Als wir dann beide so um die dreißig waren, wurde ich ein besserer „Kuschler". Ja, man kann sagen, dass wir damals eigentlich jeden Abend beim Fernsehen kuschelten. Und heute ist es für uns beide eine Selbstverständlichkeit geworden ...

Lokal-Tour

Essen gehen, Kino, essen gehen, Kino, essen gehen, Kino ... wie langweilig! Wie wäre es denn, wenn Sie bei Ihrem Date nicht nur in *ein* Lokal, sondern gleich in mehrere gehen würden? Essen Sie beim Italiener Antipasti, machen Sie dann eine Pause und schlendern Sie durch die Stadt, essen Sie danach dann Falafel oder Mezze oder Tapas in einer Tapasbar und zum Abschluss – nach einem weiteren Spaziergang – vielleicht noch ein Eis in einer netten Eisdiele. Das erfordert zwar ein wenig Planung, ist aber sehr abwechslungsreich und versorgt Sie mit vielen verschiedenen kulinarischen Eindrücken.

Suchen Sie möglichst Lokale mit sehr unterschiedlichem Ambiente aus, und wählen Sie sie so, dass Sie zwischen den Gängen ein bisschen spazieren gehen und sich dabei unterhalten können, zum Beispiel darüber, was Ihnen an der Atmosphäre in dem Lokal besonders gut gefallen oder was Ihnen besonders gut geschmeckt hat.

Die Beziehung vertiefen

Schreiben Sie auf, welche unterschiedlichen Vorlieben Sie in Bezug auf Essen und Atmosphäre haben, und sprechen Sie darüber, inwiefern Ihre Unterschiedlichkeit Ihre Ehe bereichert und den Schöpfungsreichtum Gottes widerspiegelt.

....

....

....

....

....

Die Beziehung zu Gott vertiefen

Was immer ihr esst oder trinkt oder tut, das tut zur Ehre Gottes!
1. Korinther 10,31

Herr, wir loben und preisen dich dafür, dass du die Menschen so vielfältig erschaffen hast. Hilf uns, ein bisschen geduldiger zu sein, wenn wir uns an der Unterschiedlichkeit des anderen reiben. Durch alles, was wir sagen oder tun, möchte wir dir die Ehre geben.

Highlights des Dates

....

....

....

....

....

Apropos

Wenn Sie sich für diese Art von Date entscheiden, sollten Sie sich im Voraus überlegen, auf welchen Wegen Sie zwischen den einzelnen Gängen spazieren gehen könnten. Vielleicht gibt es ja einen romantischen Weg durch einen Park oder an einem See- oder Flussufer entlang.

Eine abendliche Atmosphäre, beleuchtete Straßen oder Schaufenster, frische Luft und im gleichen Rhythmus nebeneinanderher zu gehen (sich dabei nicht in die Augen schauen zu müssen), bewirkt manchmal eine sonst ungewohnte Offenheit und Nähe. Es ist gut, nicht mit dieser Erwartung an den Spaziergang heranzugehen, aber nutzen Sie die Chance, wenn sie sich bietet.

Geteilte Freude ist doppelte Freude

Überraschen Sie Ihre Frau doch einmal mit einem kleinen Ausflug in ihre Lieblingseisdiele. Kennen Sie ihr Lieblingseis? Dann überraschen Sie sie doch einmal mit einer doppelten Portion, damit Sie sich den Becher beide teilen können. Bitten Sie um zwei langstielige Löffel und dann: Guten Appetit!

Tauschen Sie sich während des Essens darüber aus, was Sie beide jeweils dazu beitragen können, dass Sie sich weiterhin bedingungslos lieben.

Die Beziehung vertiefen

Lesen Sie den nachfolgenden Vers, und überlegen Sie, wie es in Ihrer Beziehung um die betreffenden Facetten der Liebe bestellt ist.

....

....

....

....

....

Die Beziehung zu Gott vertiefen

Liebe ist geduldig und freundlich. Sie ist nicht verbissen, sie prahlt nicht und schaut nicht auf andere herab.

Liebe verletzt nicht den Anstand und sucht nicht den eigenen Vorteil, sie lässt sich nicht reizen und ist nicht nachtragend.

Sie freut sich nicht am Unrecht, sondern freut sich, wenn die Wahrheit siegt.

Liebe nimmt alles auf sich, sie verliert nie den Glauben oder die Hoffnung und hält durch bis zum Ende.
1. Korinther 13,4–7

Herr, bitte lehre uns, einander so zu lieben, wie du uns liebst.

Highlights des Dates

....

....

....

....

Apropos

Die schwierigste Lektion, die ich in meiner Ehe lernen musste, war die, dass meine Frau nicht ich ist. Sie ist sie selbst, und das mit Überzeugung. Und ihr Selbst ist ein ganz anderes Selbst als meines.*
Matt Walsh

Ich (Jay) dachte immer, dass Laura genau so Liebe geben und empfangen sollte wie ich. Warum? Nun, weil meine Erstgeborenen-Typ-A-Persönlichkeit das eben so will! Aber das stimmt nicht. Wir sollten unserem Partner bzw. unserer Partnerin unsere Liebe so zeigen, wie er bzw. sie es braucht und am besten versteht. Das Buch *Die 5 Sprachen der Liebe* von Gary Chapman und der Fragebogen auf seiner Website können Ihnen dabei helfen, Ihrer Liebessprache und der Ihres Partners auf die Spur zu kommen: www.5lovelanguages.com.

---

* Matt Walsh, „WALSH": My Marriage Is Not An Equal Partnership, And I Don't Want It To Be", in: *The Daily Wire*, November 2,2017, https://www.dailywire.com/news/my-wife-not-my-equal-matt-walsh.

Wie wär's mit einem Fußballspiel?

Langsam wird es Sommer und die Saisons vieler Mannschaftssportarten gehen zu Ende. Vielleicht gibt es in Ihrer Gegend ja eine bekannte Fußball-, Basketball-, Handball- oder Tischtennismannschaft, die in einer der oberen Ligen spielt. Haben Sie schon einmal eines ihrer Spiele besucht? Wie wäre es, wenn Sie gemeinsam ein Heimspiel Ihrer Mannschaft besuchen – möglichst ein Abendspiel – und sich dazu großzügig mit Fan-Utensilien ausstatten wie z. B. einem Trikot oder Fan-Schal oder einer Fahne? Genießen Sie während der Halbzeitpause eine Bratwurst mit Pommes frites und ein Bier.

Vielleicht kommt Ihnen das gar nicht wie ein Date vor, aber es ist trotzdem eines. Sie unternehmen etwas zusammen, genießen die Gesellschaft des anderen und haben (hoffentlich) Spaß. Und hoffentlich gewinnt Ihre Heimmannschaft! Was gibt es Besseres?

Tauschen Sie sich auf der Heimfahrt vom Spiel darüber aus, was Ihnen an dem Abend am besten gefallen hat bzw. worauf Sie sich jetzt noch freuen. Gibt es noch andere Dates, die gar nicht wie ein Date daherkommen, an denen Sie aber beide Spaß haben könnten?

Die Beziehung vertiefen

Schreiben Sie ein paar Date-Ideen auf, die keine typischen Dates sind.

....

....

....

....

Die Beziehung zu Gott vertiefen

Ich bete, dass es dir in jeder Hinsicht gut geht und dass dein Körper so gesund ist, wie ich es von deiner Seele weiß.
2. Johannes 1,2

Herr, bitte hilf uns, daran zu denken, dass wir uns immer wieder Zeit nehmen, einfach etwas zusammen zu unternehmen und uns dadurch bewusst zu machen, dass wir ein Team sind, das an einem Strang zieht.

Highlights des Dates

....

....

....

....

Apropos

Ich bin die ideale Ehefrau, weil ich Fußball mag. Und nur damit Sie wissen, dass ich mich hier nicht selbst bauchpinseln will – das sagt Jay! Wenn wir nicht beruflich unterwegs sind, schauen wir uns samstags alle wichtigen Sportsendungen gemeinsam an. Das kann manchmal eine echte Qual sein, weil unsere Lieblingsmannschaft eher am Tabellenende herumdümpelt, aber wir lieben es trotzdem. Wir unterhalten uns über das Spiel, die Spieler und über Abgänge und Neuzugänge. Und ich mache offensichtlich hin und wieder Bemerkungen, die mich als Expertin ausweisen. Bei solchen Gelegenheiten sieht Jay mich dann völlig verblüfft an und sagt: „Für mich bist du die ideale Ehefrau."

Vielleicht ist das in Ihren Augen ein bisschen altmodisch, aber wenn ich mich mit meinem Mann über Hobbys, Aktivitäten und Dinge unterhalten möchte, die er liebt, dann muss ich wenigstens einigermaßen darüber Bescheid wissen. Ich muss kein Fußball- und Golffan sein wie Jay, aber ich finde, ich sollte mich so gut auskennen, dass ich ihm Fragen stellen und mich mit ihm darüber unterhalten kann.

Im Gegenzug möchte ich ja auch, dass er sich ein bisschen für meine Hobbys interessiert und ein wenig darüber Bescheid weiß. Das ist für beide schön und gut für die Beziehung.

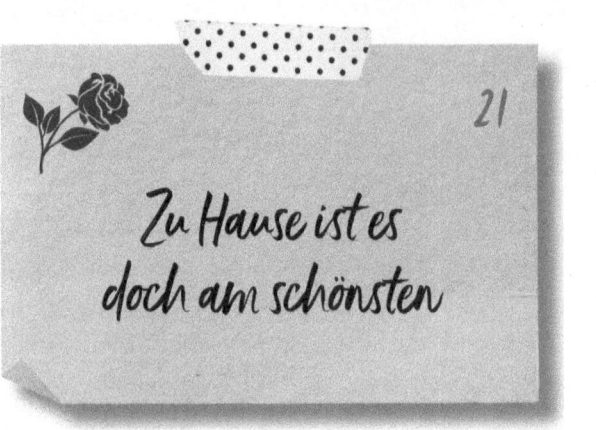

Zu Hause ist es doch am schönsten

21

Wir lieben es, gemeinsam essen zu gehen! Aber so ein Date mit einem guten Essen kann man auch in regelmäßigen Abständen zu Hause in den eigenen vier Wänden genießen!

Gehen Sie dazu gemeinsam die Zutaten für ein leckeres Essen einkaufen. Und weil es ja ein schönes Date werden soll: Sparen Sie auch nicht an den Zutaten, sondern gönnen Sie sich etwas Gutes, Exotisches oder Biozutaten. Und falls Sie keine Kochbücher besitzen: Ein kurzer Blick ins Internet, und schon finden Sie leckere Rezepte mit Ihren Lieblingszutaten oder auch jede Menge gute Videos, die Ihnen dabei helfen, leckere Gerichte zu kochen.

Decken Sie dann gemeinsam den Tisch mit Blumen und Kerzen und genießen Sie die Früchte Ihrer Arbeit!

Tauschen Sie sich beim gemeinsamen Kochen darüber aus, was Sie bei künftigen Dinner-Dates zu Hause noch ausprobieren könnten.

Die Beziehung vertiefen

Notieren Sie hier Ihre Ideen für weitere Dinner-Dates. Suchen Sie Rezepte heraus und notieren Sie sie hier.

....

....

....

....

Die Beziehung zu Gott vertiefen

Du wirst die Frucht deiner Arbeit genießen. Du wirst glücklich sein und es wird dir gut gehen!
Psalm 128,2

Herr, es macht so viel Spaß, in der Küche oder auch in Haus und Garten zusammenzuarbeiten. Hilf uns, nicht zu vergessen, uns immer wieder Zeit füreinander zu nehmen.

Highlights des Dates

....

....

....

....

Apropos

Wir kochen so gern zusammen, dass wir sogar Woche für Woche ein Facebook-Video mit dem Titel „Married Flavors" veröffentlichen.

Jede Woche zeigen wir darin viel beschäftigten Paaren, wie man mit wenig Zeitaufwand köstliche Gerichte zaubern kann. Dabei lautet unsere Mission: „Viel beschäftigten Paaren dabei zu helfen, ihr Leben lang verheiratet zu bleiben!" Und was gibt es da Besseres als ein gutes Essen, zu dem beide ihren Beitrag geleistet haben! Wenn Sie Lust haben, können Sie sich unsere Videos gern anschauen: www.facebook.com/jayandlauralaffoon und: www.youtube.com/Jayandlauratv.

Sich für das interessieren, was sie interessiert

22

Die meisten Frauen lieben es, etwas gemeinsam mit ihrem Partner zu unternehmen und sich in diesem Rahmen auch mit ihm auszutauschen. Nachdem sie mit Ihnen schon beim Fußball oder Handball war: Wie wäre es, wenn Sie Interesse für *ihre* Interessen zeigen? Was auch immer ihre Interessen sind: Nordic Walking, Fahrradfahren, Yoga, Klettern, Netflixen ... Planen Sie ein Date, bei dem Sie etwas tun, wofür sie sich interessiert. Lesen Sie das Buch, das sie gerade im Buchklub liest, und tauschen Sie sich mit ihr darüber aus. Oder versuchen Sie sich mal im Klettern. Sie werden überrascht sein, was Sie dabei alles über Ihre Frau erfahren und welche großartigen Gespräche sich daraus ergeben könnten.

Was auch immer ihr Hobby ist: Erkundigen Sie sich, was ihr daran so gefällt, wenn Sie bei dem Date gemeinsam ihrem Hobby nachgehen. Achten Sie darauf, sie zu ermutigen und ihr zu sagen, was Ihnen besonders daran gefällt, das hier mit ihr gemeinsam zu erleben.

Die Beziehung vertiefen

Notieren Sie sich weitere Hobbys und Interessen, die Sie gemeinsam ausüben könnten.

....

....

....

....

Die Beziehung zu Gott vertiefen

Gott, der Herr, sagte: „Es ist nicht gut, dass der Mensch allein ist. Ich will ihm jemanden zur Seite stellen, der zu ihm passt!"
1. Mose 2,18

Herr, bitte schenke uns auf unserem gemeinsamen Weg durchs Leben Verständnis füreinander.

Highlights des Dates

....

....

....

....

Apropos

Wenn wir auf Reisen sind und ich (Jay) am Steuer sitze, bitte ich Laura oft, irgendetwas im Internet zu recherchieren. Eines Tages waren wir zu einem Veranstaltungsort in einer ländlichen Gegend unterwegs, in der es Scheunen in allen möglichen Größen und Formen gab. Ich bat Laura nachzuschauen, warum Scheunen fast immer rot sind. Sie verdrehte die Augen, schaute aber trotzdem nach und fand Folgendes heraus:

Vor Hunderten von Jahren versiegelten die Farmer ihre Scheunen mit Leinöl. Dabei handelt es sich um ein Öl, das aus Leinsaat, der Saat von Flachs hergestellt wird. Diesem Öl fügten sie noch andere Zutaten hinzu, meist Milch und Zitronensaft, aber auch Eisenoxid (Rost), und dadurch verfärbte die Mischung sich dann rot.*

Laura interessierte das nicht im Geringsten, aber ich fand es faszinierend. Und ich wette, die Frau, die Sie lieben, hat auch so ein Thema, mit dem Sie auf den ersten Blick nichts anfangen können – versuchen Sie es doch trotzdem mal!

---

* *Farmer's Almanach*, zitiert nach Robert Clark: „Of Wood and Rust: Old Man Time Marches on in Weathered Barns", in: *Columbia Metropolitan*, Dezember 2019, https://columbiametro.com/article/of-wood-and-rust/.

Herbstdeko

Wenn es dann richtig Herbst wird, ist dieses Nachmittagsdate genau das Richtige. Suchen Sie einen Kürbisverkauf oder eine Apfelplantage auf oder schlendern Sie über den örtlichen Bauernmarkt, um Dinge zu kaufen, mit denen Sie gemeinsam Ihr Haus – besonders den Eingangsbereich draußen – hübsch dekorieren können.

Ob es nun Töpfe mit Herbstastern sind oder Kürbisse oder Maiskolben: Planen Sie gemeinsam, was wohin gelegt werden soll, und verschönern Sie Ihr Zuhause für das Erntedankfest.

Und wenn Sie schon einmal dabei sind, dann kaufen Sie sich doch auch einen heißen Apfelpunsch oder einen Glühwein, und blicken Sie in diesem hoffentlich goldenen Oktober auf Ihre schönsten Sommererlebnisse zurück.

Die Beziehung vertiefen

Halten Sie Ihre schönsten Sommererinnerungen fest.

....

....

....

....

Die Beziehung zu Gott vertiefen

*Herr, ich erinnere mich an alles, was du getan hast, an alle Wunder,
die du einst vollbracht hast.*
Psalm 77,12

*Danke, Herr, dass du das Jahr mit seinen unterschiedlichen Jahres-
zeiten geschaffen hast, die alle auf ihre eigene Weise wunderschön
sind und uns an deine verschwenderische Schöpferkraft erinnern.*

Highlights des Dates

....

....

....

....

Apropos

Ich (Laura) liebe die verschiedenen Jahreszeiten!

Frühlingsblumen.

Sommerhitze.

Herbstfarben.

Schnee im Winter.

Ich dekoriere unser Haus gern je nach Jahreszeit.

Jay dagegen hat ein paar sehr strikte Regeln, was das Dekorieren angeht: Die Weihnachtsdeko wird direkt nach Thanksgiving (das ist die Woche vor dem ersten Advent) angebracht und muss vor dem 1. Januar wieder verschwunden sein. Deko-Schneemänner dürfen dann noch ein bisschen bleiben, aber höchstens bis zum 1. März. Was Frühlings- und Sommerdeko angeht, ist er nicht so streng, denn wenn es nach ihm ginge, dürfte es eigentlich nur die Jahreszeiten Herbst und Winter geben. Mit der Herbstdeko darf nicht vor dem 1. Oktober begonnen werden. Also kein Kürbis und keine Herbstastern vor Oktober, auch wenn es sie auf den Bauernmärkten schon gibt.

Doch egal, welche Jahreszeit gerade ist: Wenn Sie etwas gemeinsam tun, dann stärkt das Ihre Ehe.

Discgolf

24

€ € € 🕐 🕐 ♥

Beim heutigen Date geht es darum, einfach nur Spaß zu haben. Discgolf ist eine noch relativ unbekannte Sportart, die aber immer mehr Fans findet, und das Gute ist, dass die Benutzung der Discgolf-Parcours oft kostenlos ist. Gehen Sie in den Sportartikelladen Ihres Vertrauens, und kaufen Sie als Erstes eine Wurfscheibe (Leute über vierzig würden „Frisbee" dazu sagen) – eine Midrange-Wurfscheibe für kürzere Distanzen für jeden von Ihnen. Und dann googeln Sie einfach, wo der nächste Discgolf-Park in Ihrer Nähe ist. Nehmen Sie auf jeden Fall etwas zu trinken mit! Und dann viel Spaß bei Ihrer 18-Loch-Runde; durchschnittlich dauert diese eine Stunde.

Während Sie den nächstgelegenen Park heraussuchen, können Sie sich im Internet auch gleich die Regeln anschauen. Wenn Sie dann loslegen und dabei viel Zeit für Gespräche haben, können Sie sich gemeinsam an all die gemeinsamen Aktivitäten erinnern, bei denen Sie im Laufe Ihrer Ehe besonders viel Spaß hatten. Das können Urlaube gewesen sein, ganz besondere Dates oder mit Freunden verbrachte Zeit.

Die Beziehung vertiefen

Erinnerungen sind Meilensteine. Notieren Sie Augenblicke vom heutigen Date, die Sie nicht vergessen wollen, aber halten Sie auch die Erinnerungen fest, über die Sie sich beim Discgolf-Spielen ausgetauscht haben.

....

....

....

....

....

....

Die Beziehung zu Gott vertiefen

Ein fröhliches Herz ist die beste Medizin, ein verzweifelter Geist aber schwächt die Kraft eines Menschen.
Sprüche 17,22

Herr, in unserer Ehe kommt es immer wieder ungewollt auch zu Verletzungen. Danke, dass wir heute so viel Spaß haben durften. Bitte hilf, dass die Aktivität und das Lachen unserer Ehe Freude und Heilung bringen, wo sie Heilung braucht.

Highlights des Dates

....

....

....

....

Apropos

Jay und ich können fast allem, was wir tun, irgendetwas Unterhaltsames abgewinnen.

Kürzlich waren wir in Florida, um dort an diesem Buch zu arbeiten, und legten eine Pause ein, um in unseren Lieblingsmarkt in der Nähe von Tampa/St. Petersburg zu gehen. Ich bin als Kind in den Ferien oft in der Gegend gewesen, weil meine Großeltern und mein Onkel dort lebten. Als wir jetzt also zu dem besagten Markt unterwegs waren, schlug ich vor, das Haus zu suchen, in dem meine Tante und mein Onkel gelebt hatten.

Ich war seit über dreißig Jahren nicht mehr dort gewesen, aber ich wusste noch den Namen der Straße. Ich gab sie in mein Navi ein, und los ging's. Doch auf den ersten Blick schien mein Navi uns in die Irre zu führen. Jay meinte irgendwann: „Na ja, es ist ja auch schon eine Ewigkeit her, dass du hier warst. Und es ändert sich ja ständig etwas." Ja, das war mir klar, aber ich erinnerte mich noch gut an eine gepflasterte Straße, die eine scharfe Kurve machte, und daran, dass das Haus auf einem kleinen Hügel stand. Das sagte ich Jay. Doch er schnaubte nur leise und entgegnete: „Eine gepflasterte Straße? Im Ernst? Und ein Hügel? In Florida? Na gut, dann auf ins Abenteuer! Schauen wir mal, was wir finden!"

Wir fuhren auf die andere Seite des Highways, weil wir es beide für möglich hielten, dass die Straße, nach der wir suchten, geteilt worden war und auf der anderen Seite weiterging. Und tatsächlich, so war es! Mit ein wenig Detektivarbeit fanden wir schließlich die gepflasterte Straße mit der scharfen Kurve und das Haus stand auch immer noch auf dem kleinen Hügel. Wir waren ziemlich stolz auf uns.

Neuwagen-Date

€ 🕐 🕐 ♥

Den Geruch eines neuen Autos mag wahrscheinlich jeder. Tatsache ist aber auch, dass wir nicht andauernd losziehen und uns nur wegen des tollen Geruchs einen Neuwagen kaufen können. Deshalb haben wir uns eine witzige Sache einfallen lassen, um trotzdem in den Genuss dieses Neuwagen-Gerucherlebnisses zu gelangen: Probefahrten mit Neuwagen.

Schauen Sie sich doch einmal bei den Neuwagenhändlern in Ihrem Wohnort um. Gibt es da ein Modell, das Sie interessiert? Dann erkundigen Sie sich doch einmal, ob Sie es nicht einen Nachmittag lang Probe fahren können!

Unterhalten Sie sich während der Fahrten darüber, in welche Richtung es mit Ihnen als Paar geht: Sind Sie glücklich und zufrieden damit, wie sich Ihre Ehe, Ihre Jobs, Ihre Lebensziele entwickeln? Wenn nicht: Wo sollten Sie Kurskorrekturen vornehmen?

Die Beziehung vertiefen

Schreiben Sie die Bereiche auf, in denen Sie vielleicht Kurskorrekturen vornehmen müssten, und wie Sie diese angehen wollen.

....

....

....

....

Die Beziehung zu Gott vertiefen

Der Herr freut sich an einem aufrichtigen Menschen und führt ihn sicher.
Psalm 37,23

Jesus, bitte hilf uns, in unserer Ehe, unseren Berufen, in unserer Familie und unserem gesamten Leben immer mehr deinen Spuren zu folgen.

Highlights des Dates

....

....

....

....

Apropos

Lauras Traumauto ist ein VW-Käfer Cabrio. Als wir wieder einmal eine neue Familienkutsche brauchten, fuhren wir zu einigen Händlern – und der erste, den wir aufsuchten, war ein VW-Händler. Ich (Jay) fand ja, dass ein Jetta genau das Richtige für uns sein könnte, also machten wir eine Probefahrt mit einem Jetta, und es war auch wirklich ein gutes Auto.

Laura meinte jedoch: „Könnten wir den neuen Beetle nicht wenigstens mal Probe fahren?" In meinen Augen waren Käfer ja eher etwas für ältere Menschen (keine Ahnung, warum, vielleicht, weil es sie schon ewig gab) und technisch nicht auf dem neuesten Stand. Aber dann fiel mir wieder ein, dass unsere Kinder ja mittlerweile aus dem Haus waren und wir eigentlich gar keine Familienkutsche mehr brauchten.

Und deshalb beschloss ich, Lauras Vorschlag zu folgen und eine Probefahrt mit einem VW Beetle zu machen. Und was soll ich sagen: Wir kauften ihn vom Fleck weg.

Welche große *gemeinsame* Anschaffung haben Sie in letzter Zeit gemacht? Haben Sie bei solchen Entscheidungen ein offenes Ohr für Ihren Partner bzw. die Argumente Ihrer Partnerin?

Bowling

€ € € 🕐 🕐 🕐 ♥

Bowling ist eine unterhaltsame Aktivität, die vieles beinhaltet: Getränke, Snacks, Gespräche – und ja, dann natürlich auch noch das Bowlen.

Reservieren Sie sich eine Bahn in einem Bowlingcenter. Holen Sie sich ein paar Snacks und Getränke, und los geht's. Viel Spaß!

Beim Bowling (oder auch beim Kegeln) geht es darum, gut zu zielen und alle bzw. die richtigen Pins zu treffen. Nutzen Sie das als Aufhänger, über potenzielle Probleme in Ihrer Ehe zu sprechen, die ebenso gezielt angegangen werden müssen. Streiten Sie vielleicht gerade über Ihre Finanzen? Gibt es Probleme in Ihrem Sexualleben? Oder sind Sie sich uneins über die Erziehung Ihrer Kinder?

Die Beziehung vertiefen

Schreiben Sie ein konkretes Ziel auf, das Sie angehen wollen.

....

....

....

....

Die Beziehung zu Gott vertiefen

Denn wer bittet, wird erhalten. Wer sucht, wird finden. Und die Tür wird jedem geöffnet, der anklopft.
Matthäus 7,8

Vater, leite uns durch deinen Heiligen Geist, während wir uns darum bemühen, unsere Ehe zu pflegen und Probleme gezielt anzugehen.

Highlights des Dates

....

....

....

....

Apropos

Ich (Laura) hab's nicht so mit Mathematik. Zahlen sind einfach nicht mein Ding. Deshalb mussten Jay und ich uns zu Beginn unserer Ehe gründlich mit unseren Finanzen auseinandersetzen.

Ich hatte direkt nach der Uni einen tollen, gut bezahlten Job gefunden und ordentlich Geld verdient. Allerdings fiel es mir schwer, den Überblick über meine Einnahmen und Ausgaben zu behalten, und deshalb hatte ich immer das Gefühl, dass mir das Geld zwischen den Fingern zerrann.

Als Jay dann in mein Leben trat, hatte ich plötzlich jemanden an meiner Seite, der jeden Cent zweimal umdrehte. Jay ist nämlich nicht einfach nur sparsam, sondern regelrecht knauserig. Als wir uns kennenlernten, war mir schon vierzehn Mal ein Scheck geplatzt, wofür ich über 200 Dollar Strafgebühren bezahlen musste. Oh, für alle unter euch, die noch keine dreißig sind: Ein Scheck ist das, was wir vor Paypal und Klarna von der Bank bekamen, um damit Rechnungen zu bezahlen.

Ich kann mich noch lebhaft erinnern, dass ich auch kurz vor unserem zehnten Hochzeitstag erhebliche Kreditkartenschulden angehäuft, das Jay aber verschwiegen hatte. Er wollte zur Feier unseres runden Hochzeitstages eine Reise machen, aber mir war klar, dass wir uns die gar nicht leisten konnten. Es war eine schwierige Situation, und es flossen viele Tränen, aber eines Abends setzten wir uns dann zusammen, und ich gestand ihm, dass ich Schulden gemacht hatte. Doch zu meiner großen Überraschung hatte auch Jay ein Geheimnis. Er hatte nämlich für diese Reise gespart, und zwar ungefähr genau so viel, dass es für die Kreditkartenschulden reichte.

Manche Gespräche sind nicht einfach, aber nötig, um die eigene Ehe zu festigen.

27

Lachen ist gesund

Bringen Sie die Kinder ins Bett oder bringen Sie sie für einen Abend bzw. die Nacht zu ihren Großeltern. Stellen Sie eine gute Auswahl an Getränken und Snacks bereit oder bestellen Sie sich eine Pizza – und dann suchen Sie sich in den Mediatheken und/oder Streamingdiensten irgendeine Sitcom von früher aus.

Schauen Sie sie gemeinsam mit Ihrem Partner an – aber vor allem: Erfreuen Sie sich zusammengekuschelt auf der Couch am Lachen Ihrer Frau bzw. Ihres Mannes. Legen Sie nach vier, fünf Folgen eine Pause ein, und tauschen Sie sich darüber aus, was Sie am Lachen des anderen so mögen.

Die Beziehung vertiefen

Erstellen Sie eine Liste von alten oder auch aktuellen Sitcoms, die Sie sich gern noch einmal gemeinsam anschauen wollen.

....

....

....

....

Die Beziehung zu Gott vertiefen

Die Gottesfürchtigen aber werden sich freuen. Sie werden froh sein in der Gegenwart Gottes. Sie werden mit Freude erfüllt werden.
Psalm 68,4

Herr, wir danken dir dafür, dass wir oft zusammen lachen dürfen. Erfülle uns mit Freude und Dankbarkeit für alles, womit du uns versorgst.

Highlights des Dates

....

....

....

....

Apropos

Es gibt außer Sitcoms noch sehr viele interessante Serien, die man sich gemeinsam anschauen kann. Vielleicht interessieren Sie sich ja für Geschichte – da bieten sich Serien wie *Babylon Berlin, The Crown, Peaky Blinders* oder *Call the Midwife* an. Solche Serien sind oft nicht nur unterhaltsam, sondern auch ausgesprochen informativ. Oder Sie lieben es zu backen? Wie wäre es da zur Inspiration mit *Das große Backen*?

Auf jeden Fall kann auch gemeinsames Fernsehen ein großartiges Date sein.

Schönheit und Kunst

28

Wissen Sie, wo sich das nächstgelegene Museum befindet? Falls nicht: Googeln Sie es einfach. Sie werden bestimmt etwas finden, das Sie beide interessiert, denn es gibt die unterschiedlichsten Museen und Ausstellungen: für Kunst, Architektur, Film, Fotografie, Religionen und vieles mehr.

Unternehmen Sie dann einen Tagesausflug und schlendern Sie genüsslich durch die Ausstellung. Merken Sie sich die Exponate, die Sie beide ansprechen, und auch die, bei denen Sie unterschiedlicher Meinung sind.

Begeben Sie sich nach dem Rundgang ins Museumscafé oder ein nahe gelegenes Café, trinken Sie dort zusammen einen Cappuccino, und sprechen Sie über die Aspekte Ihrer Ehe, die Sie beide schön finden.

Die Beziehung vertiefen

Schreiben Sie die Aspekte Ihrer Ehe auf, die Ihnen beiden ganz besonders gefallen, und weshalb das so ist.

....

....

....

....

Die Beziehung zu Gott vertiefen

Am Anfang schuf Gott den Himmel und die Erde.
1. Mose 1,1

Vater aller Schöpfung, du machst alle Dinge schön und wir danken dir für die schönen Aspekte unserer Ehe.

Highlights des Dates

....

....

....

....

....

Apropos

Auch Freilichtmuseen bieten eine weitere Möglichkeit, sich mit schönen und faszinierenden Dingen zu befassen. Es gibt in Deutschland viele wunderbare große und kleine Freilichtmuseen, in denen den Besuchern Leben, Handwerk und Kunsthandwerk früherer Zeiten nahegebracht wird. Ein Spaziergang durch ein solches Museum kann auch noch einmal ganz neu vor Augen führen, dass (Kunst-)Handwerk immer mehr ausstirbt und alte Techniken verloren gehen. Vielleicht inspiriert Sie das ja, selbst alte Techniken wie Quilten, Schnitzen oder Töpfern zu erlernen. Aber vor allem erinnert es daran, wie viel schwerer und aufwendiger der Alltag in früheren Zeiten war – uns erinnern die Besuche immer wieder daran, wie sehr die moderne Technik unser Leben in vieler Hinsicht erleichtert.

Escape-Rooms:
Die Uhr tickt

29

Escape-Rooms schießen in vielen Städten wie Pilze aus dem Boden. Manche dieser interaktiven Spiele sind ganz einfach, andere richtig schwierig. Doch egal, ob es bei dem jeweiligen Escape-Room darum geht, knifflige Rätsel zu lösen oder Fragen zu beantworten: Hier kommt es vor allem darauf an, dass das Team zusammenarbeitet. Suchen Sie mithilfe des Internets einen Escape-Room in Ihrer Nähe heraus und buchen Sie dort einen Termin. Und dann: Viel Spaß!

Wenn es Ihnen gelungen ist, sich aus dem Escape-Room zu befreien, dann kaufen Sie sich noch ein Eis oder gehen Sie etwas trinken. Unterhalten Sie sich darüber, wie gut Sie zusammengearbeitet haben, als es darum ging, die Rätsel zu lösen und dem Raum zu entkommen.

Tauschen Sie sich auch über die Bereiche in Ihrer Ehe aus, in denen Sie besonders gut als Team zusammenarbeiten – und über die, bei denen in dieser Hinsicht noch Luft nach oben ist.

Die Beziehung vertiefen

Halten Sie fest, inwiefern Sie gut zusammengearbeitet haben, um sich aus dem Escape-Room zu befreien. Welche Aufgaben hat jeder von Ihnen dabei übernommen? Spiegelt das Ihre Ehe wider?

....

....

....

....

Die Beziehung zu Gott vertiefen

Ein Einzelner kann leicht von hinten angegriffen und niedergeschlagen werden; zwei, die zusammenhalten, wehren den Überfall ab. Und: Ein dreifaches Seil kann man kaum zerreißen.
Prediger 4,12

Herr, wir danken dir, dass du der Mittelpunkt unserer Ehe bist, der dritte Strang, der uns Halt gibt.

Highlights des Dates

....

....

....

....

Apropos

Ehrlich zu sein und zu bleiben, ist doch die beste Strategie, oder? Wir waren ehrlich gesagt noch nie in einem Escape-Room, aber wir haben auf Instagram Fotos von Leuten gesehen, die sich aus Escape-Rooms befreit haben.

Einmal wollten wir mit unseren Kindern einen aufsuchen, mussten ihn aber sofort wieder verlassen. Es sieht wirklich so aus, als ob es Spaß macht, aber Jay leidet unter extremer Klaustrophobie. Im Flugzeug muss er deshalb auch immer am Gang sitzen. Für ihn wäre es ein Albtraum, einen Escape-Room aufzusuchen.

Während Jay an Klaustrophobie leidet, habe ich Höhenangst. Wir haben einmal eine Kreuzfahrt gemacht, und Jay wollte gern in einem Seilgarten klettern, der sich ganz oben auf dem Schiff befand. Ich gab nach und sagte, ich würde es versuchen. Schließlich war es mitten am Nachmittag und das Schiff lag im Hafen am Kai. Ich redete mir selbst ein, dass ich es schon schaffen würde. Doch dann war die Schlange vor dem Seilgarten so lang, dass wir über eine Stunde warten mussten, und weil wir eine Reservierung fürs Abendessen hatten, beschlossen wir, wieder zu gehen. Wir würden es nach dem Abendessen noch einmal probieren.

Doch nach dem Abendessen waren die Bedingungen dann ganz anders. Das Schiff hatte inzwischen wieder abgelegt und es war dunkel. Der Seilgarten war zwar gut beleuchtet, aber trotzdem ... Ich seilte mich also an und stieg die Leiter zu dem Parcours hinauf. Ich erreichte die erste Challenge und konnte sehen, dass ich als Nächstes über ein schmales Brett gehen musste, das über das offene Meer führte! Das würde ich auf gar keinen Fall machen! Ich drehte also um und stieg die Leiter wieder hinunter.

Jay war enttäuscht, aber ich wies ihn darauf hin, dass meine Höhenangst genauso real war wie seine Klaustrophobie, und deshalb hat er mich seither auch nie wieder gefragt, ob wir in einen Seilgarten klettern gehen wollen.

Das hat uns noch einmal neu vor Augen geführt, wie wichtig es ist, dass wir bei dem jeweiligen Date auf die Persönlichkeit, die Ängste und Wünsche des jeweils anderen Rücksicht nehmen.

Ein verrücktes Date

€ € € 🕐 🕐 ♥

30

Diese Aktivität ist für die Wagemutigen, etwas Verrückten gedacht: Legen Sie für dieses Date 50 Euro zurück und nehmen Sie sich jeder 10 davon. Suchen Sie dann einen Trödelladen oder einen Second-handladen auf und schauen Sie sich nach einer verrückten Verkleidung für Ihren Partner um. Achten Sie aber darauf, dass diese „öffentlichkeitstauglich" ist – außerdem kennen Sie ja Ihr Gegenüber und wissen, worin dieses sich gar nicht wohlfühlen würde.

Geben Sie das Kostüm anschließend Ihrem Partner bzw. Ihrer Partnerin. Fahren Sie dann nach Hause und kleiden Sie sich um. Verwenden Sie die restlichen 30 Euro dafür, in Ihrem Kostüm essen zu gehen.

Erstellen Sie beim Essen eine Bucketlist verrückter Dinge, die Sie als Paar noch tun wollen.

Die Beziehung vertiefen

Notieren Sie all die verrückten Dinge, die Sie noch zusammen tun wollen.

....

....

....

....

Die Beziehung zu Gott vertiefen

Dann sagte Jesus: „Ich versichere euch: Wenn ihr nicht umkehrt und werdet wie die Kinder, werdet ihr nie ins Himmelreich kommen."
Matthäus 18,3

Herr, bitte hilf uns, das Kindliche nicht ganz abzulegen, damit in unserer Beziehung das Spielerische nicht auf der Strecke bleibt.

Highlights des Dates

....

....

....

....

Apropos

Etwas wirklich Verrücktes zu tun muss gar nicht teuer sein.

Wir besitzen beispielsweise einen Einfüllstutzen für Benzin (wie man diesen an Tankstellen findet), den wir in die Tanköffnung unseres Autos stecken und dann damit durch die Gegend fahren. Leute hupen, blinken, weisen uns darauf hin, und Laura macht Fotos davon und erstellte eine Story für Instagram.

Einmal sind wir in einen Supermarkt gegangen und haben uns die Etiketten aller Waren vollständig durchgelesen. Dabei stießen wir auf eine Klobürste, auf deren Etikett stand: „Nicht für den oralen Gebrauch geeignet!" Offenbar hatte irgendwann mal jemand die Klobürste für eine Zahnbürste gehalten!

Spaß zu haben und viel zu lachen, muss nicht teuer sein.

Ahoi

€ € € € 🕐 🕐 🕐 ♥ ♥ ♥

Wasser hat eigentlich immer etwas Romantisches, deshalb laden wir Sie dazu ein, sich für dieses Date etwas Zeit zu nehmen. Mindestens einen ganzen Tag, besser noch ein Wochenende. Suchen Sie sich einen See oder ein anderes Gewässer in der Nähe und mieten Sie ein Boot.

Packen Sie eine Kühltasche mit etwas zu essen und Getränken ein und vergessen Sie auch die Sonnencreme nicht. Wenn Sie gern schwimmen gehen, auch noch Badezeug und Handtücher. Und dann: Genießen Sie eine entspannte Zeit auf dem Wasser.

Suchen Sie sich nach einer Weile irgendwo einen Platz zum Ankern, und sprechen Sie beim Verzehr des mitgebrachten Picknicks darüber, wie Sie für etwas mehr Ruhe und Frieden in Ihrem hektischen Alltag sorgen können. Anschließend könnten Sie sich auf der Sitzbank oder dem Boden des Bootes zusammenkuscheln und ein Nickerchen halten.

Die Beziehung vertiefen

Was konkret können Sie tun, um die Hektik aus Ihrem Alltag zu entfernen?

....

....

....

....

Die Beziehung zu Gott vertiefen

„Ich lasse euch ein Geschenk zurück – meinen Frieden. Und der Friede, den ich schenke, ist nicht wie der Friede, den die Welt gibt. Deshalb sorgt euch nicht und habt keine Angst."
Johannes 14,27

Herr, du bist die Quelle allen Friedens. Wir bitten dich, schenke uns heute und an jedem Tag unserer Ehe deinen Frieden.

Highlight des Dates

....

....

....

....

Apropos

Der *Inland Waterway* im Norden des Bundesstaates Michigan ist fast 65 Kilometer lang und verläuft vom Pickerel Lake bis nach Cheboygan und in den Huronsee. Er bietet eine wunderschöne Tour durch vier Seen und drei Flüsse – ein Paradies für Sportbootfahrer.

In einem Sommer fanden Laura und ich, dass es sicher Spaß machen würde, mit einem Picknick ausgerüstet in einem gemieteten Boot den *Inland Waterway* entlangzufahren. Das einzige Problem war: Wir hatten uns den Wetterbericht nicht angeschaut und waren daher überrascht, als wir dann mitten am Nachmittag eine Tornadowarnung erhielten. Der Wind peitschte uns um die Ohren, Wellen krachten über den Bootsrand, und Laura sagte immer wieder: „Hilf uns, Jesus!"

Und tatsächlich: Wir schafften es heil nach Hause und hatten eine tolle Geschichte zu erzählen.

Bon Appétit!

32

Finden Sie mithilfe der Tageszeitung oder des Internets heraus, wo in Ihrer Nähe ein interessanter Kochkurs mit kulinarischen Highlights angeboten wird. Zusammen zu kochen kann nämlich etwas sehr Romantisches haben. Und wenn Sie gemeinsam einen Kochkurs belegen, dann haben Sie nicht nur Spaß und Romantik, sondern zusätzlich noch etwas Leckeres zum Essen. Oft kann man die Gerichte, die gekocht werden sollen, mit aussuchen, aber das Beste an solchen Kursen ist, dass man die Rezepte mit nach Hause nehmen und sie dann in der eigenen Küche nachkochen kann.

Tauschen Sie sich anschließend zu Hause darüber aus, wie viel Freude es macht, gemeinsam zu kochen – was Ihnen daran gefällt und was nicht so sehr. Oft ist es ja so, dass einem von Ihnen die Vorbereitungen mehr liegen – das Schnippeln, Abmessen etc. –, während der oder die andere mehr Spaß am tatsächlichen Kochen hat.

Die Beziehung vertiefen

Wenn Sie sich die Erfahrung des gemeinsamen Kochens anschauen: Wie können Sie die Rollen, die Sie jeweils in der Küche übernehmen, auf Ihre Ehe übertragen?

....

....

....

....

Die Beziehung zu Gott vertiefen

Und schlachtet das Kalb, das wir im Stall gemästet haben.
Lukas 15,23

Herr, wir bitten dich, dass wir die Gaben und Fähigkeiten, die du uns geschenkt hast, anerkennen und würdigen und sie zum Segen anderer einsetzen und um dich zu verherrlichen.

Highlights des Dates

....

....

....

....

Apropos

Zusammen zu kochen gehört zu unseren liebsten gemeinsamen Aktivitäten. Das haben wir allerdings erst festgestellt, als die Kinder bereits aus dem Haus waren. Unsere erste Tour führte uns damals im Rahmen einer Hochzeitstagsreise nach Chicago. Wir lieben Chicago in der Vorweihnachtszeit! Es ist nicht so groß und hektisch wie New York und wir sind dann immer den ganzen Tag zu Fuß im Stadtzentrum unterwegs. Im Laufe der Jahre waren wir schon oft in Chicago, und wir versuchen dabei jedes Mal, auch noch etwas anderes zu unternehmen, als nur zu shoppen. Wir haben schon Führungen zum Thema „Stadtarchitektur" gemacht – sowohl zu Fuß als auch mit dem Schiff. Wir haben an einer Führung zu den schönsten Weihnachtsbeleuchtungen teilgenommen und natürlich waren wir dort auf dem Weihnachtsmarkt. Auch ein Spiel der *Chicago Cubs* haben wir uns dort schon angeschaut (das aber natürlich nicht zu unserem Hochzeitstag im Dezember).

Während dieser speziellen Hochzeitstagsreise nach Chicago beschlossen wir nun, an einem Kochkurs teilzunehmen. Wir hatten schon lange vorgehabt, gemeinsam einen Kurs zu besuchen, aber irgendwie waren wir nie dazu gekommen, weil es in der Kleinstadt, in der wir leben, kaum Angebote gibt. Nun fanden wir heraus, dass sich in Chicago in derselben Straße, in der unser Hotel lag, auch die Kochschule „Sur La Table" befand. Also warum nicht?

Es war ein Riesenspaß! Wir genossen das, was wir gekocht hatten, und bekamen sogar noch einen Rabatt auf unsere Einkäufe in dem Laden für Küchenzubehör, der zu der Kochschule dazugehörte. Diese Gelegenheit mussten wir natürlich gleich nutzen und erwarben einige nützliche und schöne Küchenutensilien für zu Hause.

33

Einfach drauflos

€ € € 🕐 🕐 ♥ ♥

Legen Sie einen Tag fest und fahren Sie einfach los! Ohne Karte, ohne Navi, ohne Plan. Schauen Sie einfach, wohin der Weg Sie führt, und erkunden Sie die Umgebung. Sie werden staunen, was Sie alles sehen. Vielleicht entdecken Sie ja sogar Orte, von deren Existenz Sie bisher gar nichts gewusst haben.

Unterhalten Sie sich während der Fahrt darüber, wie es sich anfühlt, etwas unbeschwert zu tun und ohne dass es bis ins letzte Detail geplant ist. Wenn Sie Lust haben, können Sie auch einen Picknickkorb mitnehmen, irgendwann an einer schönen Stelle anhalten und eine Pause machen. Sie können auch in einem schönen Restaurant zu Mittag essen, an dem Sie vorbeikommen. Oder vielleicht kommen Sie ja an einer Sehenswürdigkeit vorbei, die Sie sich näher anschauen wollen. Wenn Sie irgendwann keine Lust mehr haben, können Sie Ihr Navi wieder einschalten und nach Hause fahren.

Die Beziehung vertiefen

In welchen Bereichen Ihres Lebens und Ihrer Ehe könnten Sie ein bisschen unbekümmerter sein?

....

....

....

....

Die Beziehung zu Gott vertiefen

Rut antwortete: „Verlang nicht von mir, dass ich dich verlasse und umkehre. Wo du hingehst, dort will ich auch hingehen, und wo du lebst, da möchte ich auch leben. Dein Volk ist mein Volk und dein Gott ist mein Gott."
Rut 1,16

Vater, bitte hilf uns, unsere Sorgen wirklich auf dich zu werfen und uns von dir leiten zu lassen.

Highlights des Dates

....

....

....

....

Apropos

Wenn irgendwo unsere Veranstaltung „Ultimate Date Night" stattfindet, dann wird darüber oft von lokalen Radiosendern oder in der örtlichen Tageszeitung berichtet und wir werden interviewt. Wir sprechen auch oft mit Ehepaaren, die etwa eine halbe Stunde vor der Veranstaltung eintreffen und uns Fragen stellen können.

Als Eisbrecher fragen wir die Paare dann oft, wie sie ihre Dates gestalten. Die Antwort lautet dann oft: „Essen gehen und dann Kino." Doch ein Ehepaar erzählte uns einmal, dass es sich gern „verirrt". Einer von ihnen sitzt am Lenkrad, der andere fährt mit verbundenen Augen mit. Wenn sie dann das Ziel erreicht haben, das der Fahrer oder die Fahrerin ausgewählt hat, halten sie an und der Beifahrer muss den Weg zurück nach Hause finden.

Verrückt, oder? Aber vielleicht ist das ja auch etwas für Sie.

Ein Nachmittag am Fluss

€ € € 🕐 🕐 ♥ ♥

Suchen Sie einen Kanuverleih in der Nähe heraus und reservieren Sie ein Kanu für zwei Personen. Packen Sie ein leckeres Picknick und genügend Getränke in eine Kühlbox, damit Sie bei der körperlichen Anstrengung durch das Paddeln nicht dehydrieren.

Machen Sie sich zunächst ein wenig mit dem Kanu vertraut und finden Sie Ihren Rhythmus beim gemeinsamen Paddeln. Lassen Sie sich Zeit, paddeln Sie einfach gemächlich vor sich hin und genießen Sie die Stille und die Aussicht vom Wasser aus.

Wenn Sie eine Weile gepaddelt sind, können Sie Ausschau nach einem Rastplatz am Ufer halten, wo Sie Ihr Picknick verzehren können. Lassen Sie sich auch dabei Zeit und schließen Sie vielleicht sogar noch ein Nickerchen an. Steigen Sie dann wieder ins Kanu und lassen Sie sich mit der Strömung treiben. Sitzen Sie einfach still da und lauschen Sie den Geräuschen der Natur.

Tauschen Sie sich auf dem Rückweg über Ihren Lieblingsmoment dieses Tages aus und darüber, was Sie an Gottes Schöpfung so sehr lieben.

Die Beziehung vertiefen

Schreiben Sie Ihre Lieblingsmomente des Tages auf.

....

....

....

....

Die Beziehung zu Gott vertiefen

Ein Fluss erfrischt die Stadt unseres Gottes, die heilige Wohnung des Höchsten.
Psalm 46,4

Wir preisen dich, Schöpfergott, denn du bist unseres Lobes würdig. Danke für diesen wunderschönen Nachmittag in deiner Schöpfung.

Highlights des Dates

....

....

....

....

....

Apropos

Wie wäre es mit einer Raftingtour, um die Abenteuerlust zu befriedigen und bei einem Date auch noch einen kleinen Adrenalinkick zu erleben?

Ein Verwöhn-Date für sie

Vielleicht hat Ihre Frau keine Schwäche für sportliche Aktivitäten oder sie hat im Augenblick sehr viel Stress. Wie wäre es da mit einem kleinen Verwöhn-Date für sie? Fragen Sie, ob sie am Freitagnachmittag früher Feierabend machen kann. Vereinbaren Sie für Ihre Frau für 16:30 Uhr einen Termin für Maniküre und Pediküre oder für eine entspannende Massage oder Ähnliches. Kaufen Sie im Vorfeld eine Badebombe oder duftenden Badeschaum. Und vor allem: Bringen Sie die Kinder für die Nacht bei den Großeltern oder Freunden unter und bieten Sie ihnen dafür einen Gegengefallen an.

Holen Sie dann Ihre Frau am Freitag mit einem Eisbecher Ihres Lieblingseises und zwei Löffeln von der Arbeit ab. Teilen Sie sich das Eis auf dem Weg zum Nagelstudio oder zum Spa. Überraschen Sie sie mit diesem Verwöhn-Termin, und kündigen Sie an, dass Sie sie anschließend wieder abholen werden.

Bereiten Sie in dieser Zeit entweder ihr Lieblingsessen zu oder kaufen Sie es irgendwo. Holen Sie sie dann wieder ab und essen

Sie gemütlich miteinander. Bitten Sie sie, Ihnen zu erzählen, wie ihre Woche war.

Während sie anschließend bei einem Schaumbad entspannt, können Sie sich ja um den Aufwasch kümmern. Und sich überlegen, wie Sie den weiteren Abend romantisch ausklingen lassen könnten ...

Die Beziehung vertiefen

Schreiben Sie auf, wie es sich für Sie angefühlt hat, Ihre Frau zu verwöhnen.

....

....

....

....

Die Beziehung zu Gott vertiefen

Erfreue dich an deiner Frau, die du als junger Mann geheiratet hast. Lass sie eine Quelle des Segens für dich sein.
Sprüche 5,18

Vater, ich danke dir aus tiefstem Herzen für das wunderbare Geschenk, das du mir mit ... [hier ihren Namen einsetzen] gemacht hast. Bitte segne sie und segne unsere Liebe.

Highlights des Dates

....

....

....

....

Apropos

Die Liebessprachen spielen eine sehr große Rolle, wenn es darum geht, den Ehepartner zu verstehen und auch die Art, wie er oder sie Liebe ausdrückt und empfängt. Wenn Sie das Buch *Die fünf Sprachen der Liebe* von Gary Chapman noch nicht gelesen haben, legen wir es Ihnen sehr ans Herz.

Meine (Lauras) primäre Liebessprache ist gemeinsame, bewusst miteinander verbrachte Zeit, die zweite Liebessprache sind Geschenke. Ich liebe es, Geschenke zu bekommen und Geschenke zu machen. Und Jay beherrscht meine Liebessprachen beide sehr gut. Aber das war nicht immer so.

Bevor wir angefangen haben, gemeinsam Vorträge zu halten, war Jay meistens allein als Referent unterwegs. Als er einmal ein ganzes Wochenende weg gewesen war, hielt ich es für eine gute Idee, am Montag irgendwo zusammen zu Mittag zu essen (bewusst gemeinsam verbrachte Zeit). Aber Jay hatte montags und mittwochs in der Mittagszeit immer eine feste Verabredung zum Basketballspielen. An diesem konkreten Montag fuhr ich dort vorbei, wo er spielte, und fragte, ob er nicht Lust hätte, mit mir irgendwo zum Essen zu gehen. Er verneinte und sagte dann nur noch, er habe gerade ein Spiel gewonnen und müsse jetzt zur Revanche zurück auf den Platz. Als ich mich umdrehte, um wieder zu gehen, konnte er offenbar an meiner Körpersprache ablesen, wie enttäuscht ich war, denn er holte seine Jacke und wir gingen essen. Jetzt achten wir darauf, mindestens ein Mal pro Woche etwas zusammen zu unternehmen.

Er beherrscht auch meine Sprache der Geschenke gut! Jay war schon immer ein guter Schenker und er hat das Schenken im Laufe unserer Ehe immer weiter perfektioniert – von selbst gemachten Gutscheinen z. B. für eine Umarmung oder einmal Bad putzen am Anfang unserer Ehe bis hin zu hübschem Schmuck heute.

36

Kurz und süß

€ € 🕐 ♥ ♥

Ja, vielleicht ist die folgende Idee eher etwas für frischgebackene Paare. Oder rettungslose Romantiker. Aber wie wäre es, wenn Sie an einem Samstag, nachdem Ihre Einkäufe und Besorgungen erledigt sind, mit Ihrem Auto in eine Waschstraße fahren – eine von denen, bei der Sie im Wagen sitzen bleiben können und sich durch einen langen Tunnel von Bürsten und Lappen bewegen, die das Auto seitlich und von oben reinigen.

Und wenn dann der Wagen vollständig im Inneren der Waschstraße ist: Küssen Sie sich. *Einfach nur küssen!* Küssen Sie sich, bis die Wäsche beendet ist.

Sprechen Sie auf dem Heimweg darüber, inwiefern Ihnen das Spaß gemacht hat, obwohl ja klar war, dass es zu nicht mehr kommen würde als zum Küssen. Könnten Sie so etwas häufiger machen – Küssen ohne Hintergedanken?

Die Beziehung vertiefen

Schreiben Sie Ihre „Zielvorgabe in Sachen Küssen" hier auf.

....

....

....

....

Die Beziehung zu Gott vertiefen

Wie Honig schmecken deine Lippen, meine Braut, ja, süße Honig-milch hält deine Zunge für mich bereit!
Hohelied 4,11

Du Geber aller Gaben, danke für das Geschenk der Intimität, das auch ein Kuss in unsere Beziehung bringt.

Highlights des Dates

....

....

....

....

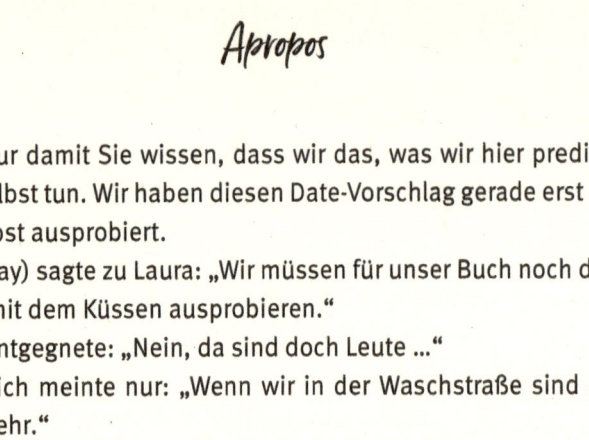

Okay, nur damit Sie wissen, dass wir das, was wir hier predigen, auch selbst tun. Wir haben diesen Date-Vorschlag gerade erst neulich selbst ausprobiert.

Ich (Jay) sagte zu Laura: „Wir müssen für unser Buch noch diese Sache mit dem Küssen ausprobieren."

Sie entgegnete: „Nein, da sind doch Leute …"

Und ich meinte nur: „Wenn wir in der Waschstraße sind aber nicht mehr."

Klingt doch romantisch, oder? Na ja, hängt ganz davon ab, welchen Wagen Sie fahren. Wir waren in einem SUV mit einer sehr ausladenden Mittelkonsole unterwegs. Nur so viel: Ich musste am nächsten Tag zum Chiropraktiker!

37

Verwöhnen Sie ihn

Nachdem bei Vorschlag #35 die Ehefrau verwöhnt wurde, ist heute der Ehemann an der Reihe: Sorgen Sie dafür, dass die Kinder bei den Großeltern oder Freunden übernachten (mit der Zusage, dass Sie sich dafür am nächsten Wochenende revanchieren). Erkundigen Sie sich, ob es einen Film in der Mediathek oder bei einem Streaminganbieter gibt, den er sich gern anschauen würde.

Kaufen Sie dann die Zutaten für sein Lieblingsessen. Gehen Sie vor dem Essen ein wenig Radeln oder spazieren oder in seinen liebsten Outdoorladen – einfach nur zum Schauen. Haben Sie sich schon einmal darüber ausgetauscht, warum er gerade diesem oder jenem Hobby gern nachgeht?

Essen Sie zu Hause an einem schön gedeckten Tisch bei Kerzenschein (den Abwasch können Sie ja einfach am nächsten Morgen erledigen). Laden Sie ihn ein, sich schon einmal einen Film auszusuchen, und schlüpfen Sie währenddessen in etwas Bequemes. (Wie „bequem", ist dabei völlig Ihnen überlassen. Sorgen Sie nur dafür, dass er gegebenenfalls sehen kann, dass Sie „in Stimmung" sind.)

Wundern Sie sich nicht, wenn Sie ihn am nächsten Morgen dabei antreffen, wie er das Geschirr vom vergangenen Abend spült.

Die Beziehung vertiefen

Schreiben Sie auf, wie Sie sich dabei fühlen, ihn zu verwöhnen.

....

....

....

Die Beziehung zu Gott vertiefen

Wie glücklich macht mich deine Liebe, mein Mädchen, meine Braut! Ich genieße deine Liebe mehr als den besten Wein. Dein Duft ist bezaubernder als jedes Parfüm.
Hohelied 4,10

Vater, ich danke dir aus tiefstem Herzen für das wunderbare Geschenk, das du mir mit ... [hier seinen Namen einsetzen] gemacht hast. Bitte segne ihn und segne unsere Liebe.

Highlights des Dates

....

....

....

Apropos

Als wir das Buch *Die fünf Sprachen der Liebe* zum ersten Mal lasen, kam Jay zu dem Ergebnis, dass seine erste Liebessprache Zärtlichkeit war. Zumindest nahm er an, dass das eine seiner Liebessprachen sein müsse, denn er genießt die Intimität mit mir sehr. Seine zweitwichtigste Liebessprache sind Anerkennung und Lob. Als junge Frau, deren Geistesgabe Sarkasmus war und die in ihrer ganz eigenen Bubble lebte, misslang es mir kläglich, seine Sprachen zu sprechen.

Nach einiger Zeit lasen wir das Buch über die Liebessprachen noch einmal und machten dieses Mal auch den Test, der dort angeboten wird. Dabei stellte sich heraus, dass Jays erste Liebessprache Hilfsbereitschaft ist. Puh!

Uns wurde klar, dass Zärtlichkeit nicht unbedingt gleichbedeutend sein muss mit Sex. Körperliche Nähe als Liebessprache bedeutet schlicht, dass man andere gern umarmt oder ganz nah beieinander sitzt. Menschen, die so ticken, empfangen Liebe von anderen in erster Linie durch Berührung. Gemeinsam kamen wir zu dem Schluss, dass das auf Jay gar nicht zutrifft. Er empfindet meine Liebe dann besonders stark, wenn ich etwas für ihn tue, zum Beispiel wenn ich das Haus putze oder etwas Leckeres für ihn koche. Und er fühlte sich auch dann besonders geliebt, wenn ich ihm Komplimente machte (Anerkennung und Lob). Unser Sexleben machte nur einen kleinen Teil davon aus, wie er Liebe erlebte.

Als wir unsere wahre Liebessprache entdeckten, führte das dazu, dass wir uns gegenseitig viel besser verstehen konnten.

38

Eisdiele

Laden Sie Ihre Partnerin in eine Eisdiele ein, wo der Milchshake frisch selbst gemacht und nicht in einem Pappbecher, sondern in einem hohen Glas serviert wird. Bestellen Sie ihren Lieblingsmilch-shake mit zwei Trinkhalmen.

Sitzen Sie sich an einem Tisch gegenüber und teilen Sie sich den Milchshake.

Jeder von Ihnen darf immer erst dann einen Schluck trinken, wenn er bzw. sie vorher etwas gesagt hat, was er an dem bzw. der anderen liebt. Wechseln Sie sich ab, bis das Glas leer ist.

Die Beziehung vertiefen

Schreiben Sie all die Dinge auf, die Sie sich beim Austrinken des Milchshakes gegenseitig gesagt haben.

....

....

....

....

Die Beziehung zu Gott vertiefen

Ich will ein Lied für den singen, den ich liebe.
Jesaja 5,1

Vater, bitte lass unsere Liebe zueinander weiter wachsen. Hilf uns, immer wieder neu darüber nachzudenken und uns bewusst zu machen, was wir am anderen lieben.

Highlights des Dates

....

....

....

....

....

Apropos

Sie können auch zu einem Food-Market oder einem Street Food Festival gehen und an den unterschiedlichen Ständen Dinge probieren – wie z. B. Macarons, Flammkuchen, Tapas, Crêpes oder andere internationale Delikatessen.

Genießen Sie die Atmosphäre und trinken Sie zum Abschluss irgendwo ein Glas Wein oder Prosecco.

39

Ausmisten

€ ⏱ ⏱ ♥

Wahrscheinlich hat jeder von uns Sachen im Kleiderschrank, die nicht mehr passen oder einem nicht mehr gefallen. Wie wäre es, wenn Sie sich an einem Samstag nach einem leckeren späten Frühstück mit Ihren Kleiderschränken befassen?

Verbringen Sie die nächsten vier, fünf Stunden (ja, so lange könnte das dauern) damit, all Ihre Sachen einzeln durchzugehen und sie auf drei Stapeln zu sortieren.

- Stapel 1: behalten
- Stapel 2: spenden
- Stapel 3: entsorgen, weil die Sachen so zerschlissen oder alt sind, dass sie nicht mehr tragbar sind

Räumen Sie die Sachen, die Sie behalten wollen, wieder zurück in den Schrank, die Sachen zum Entsorgen kommen in den Restmüll und die Sachen zum Spenden laden Sie in Ihren Wagen.

Nachdem Sie sie beim Roten Kreuz oder einer anderen Sammelstelle abgeliefert haben, könnten Sie in Ihr Lieblingscafé gehen, sich mit einem Cappuccino belohnen und vielleicht auch mit etwas Süßem. Tauschen Sie sich darüber aus, was Sie für die Allgemeinheit tun und wo Sie sich sonst noch für andere engagieren könnten.

Die Beziehung vertiefen

Schreiben Sie auf, wie Sie der Gesellschaft etwas zurückgeben und sich außerdem noch ehrenamtlich engagieren könnten.

....

....

....

....

....

Die Beziehung zu Gott vertiefen

Gebt, und ihr werdet bekommen. Was ihr verschenkt, wird anständig, ja großzügig bemessen, mit beträchtlicher Zugabe zu euch zurückfließen. Nach dem Maß, mit dem ihr gebt, werdet ihr zurückbekommen.
Lukas 6,38

Herr, wir können niemals so viel geben, wie du gegeben hast. Bitte hilf uns, mit offenen Augen durchs Leben zu gehen und wahrzunehmen, wo andere unsere Unterstützung gebrauchen können.

Highlights des Dates

....

....

....

....

....

Apropos

Es gibt so viele Möglichkeiten, mit diversen Aktivitäten Geld für einen guten Zweck zu sammeln.

Sie können beispielsweise bei Freunden, Bekannten und in der Familie gut erhaltene und aktuelle Bücher sammeln, um sie dann in regelmäßigen Abständen für wenig Geld auf einem Bücherflohmarkt zu verkaufen.

Oder backen Sie Waffeln bei einem Fest in Ihrem Wohnort.

Der Fantasie sind in der Hinsicht keine Grenzen gesetzt.

40

Ein schickes Date

€ € € € 🕐 🕐 ♡ ♡ ♡ ♡

So, jetzt ist es an der Zeit, mal einen Zahn zuzulegen. Überraschen Sie sie mit einem schicken Date!

Reservieren Sie dazu einen Tisch in einem schicken Restaurant. Wenn es in Ihrem Wohnort keines gibt, können Sie in die nächstgelegene Stadt ausweichen. Werfen Sie einen Blick in Ihren Kleiderschrank: Haben Sie einen schicken Anzug? Vielleicht sogar mit Krawatte? Kündigen Sie ihr das Date ein paar Tage vorher an, damit sie gegebenenfalls noch einmal zum Friseur gehen oder sich etwas Neues zum Anziehen kaufen kann.

Öffnen Sie am großen Tag die Wagentür für sie – sowohl wenn Sie losfahren als auch wenn Sie wieder nach Hause kommen.

Unterhalten Sie sich beim Essen darüber, wie es war, als sie sich kennengelernt und sich zum ersten Mal verabredet haben. In welche Eigenschaften am anderen haben Sie sich zuerst verliebt?

Bringen Sie sie zur Tür, wenn Sie wieder zu Hause sind, küssen Sie sie, und sagen Sie ihr, wie sehr Sie den Abend genossen haben. Und dass Sie es gar nicht erwarten können, wieder einmal romantisch mit ihr auszugehen.

Die Beziehung vertiefen

Schreiben Sie auf, in welche Facetten des anderen Sie sich damals als Erstes verliebt haben.

....

....

....

....

....

Die Beziehung zu Gott vertiefen

Komm und küss mich, küss mich immer wieder! Ich genieße deine Liebe mehr als den besten Wein.
Hohelied 1,2

Danke, Vater, für das Geschenk der Liebe und für die Möglichkeit, sich immer wieder neu ineinander zu verlieben. Bitte hilf, dass wir auf unserem gemeinsamen Weg immer wieder Raum für Nähe und Intimität schaffen.

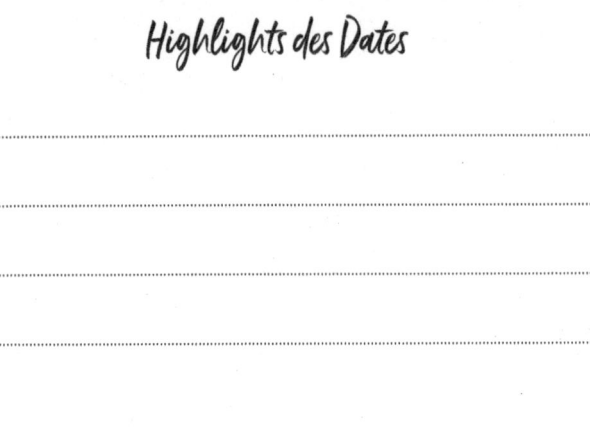

Highlights des Dates

....

....

....

....

Apropos

Ich (Jay) hatte zu Lauras 40. Geburtstag etwas ganz Besonderes geplant. Am Ende erwartete uns eine Paar-Massage. Ich hatte mir das so vorgestellt, dass wir im selben Raum sein und romantisch Händchen halten würden, während wir eine sanfte Massage bekämen.

Der Abend war wirklich großartig. Bis ich bei dem Spa vorfuhr, wo wir unsere Massage bekommen sollten. „Was ist das hier? Du weißt doch, dass ich nicht gern von Fremden angefasst werde", erinnerte Laura mich. Ups. Ich hatte vergessen, dass Laura sehr eigen ist, was Nähe angeht, und zwar sowohl körperliche als auch geistige. Ich entschuldigte mich heftig, erklärte ihr aber, dass die Massagen bereits bezahlt seien, und ob wir es nicht wenigstens versuchen könnten.

Als wir das Spa betraten und in Bademäntel schlüpften, wurden wir getrennt. Laura ging mit einer Frau Anfang zwanzig in einen Raum. Ich bekam Sven zugewiesen, ein zwei Meter großes skandinavisches Muskelpaket. Als wir fertig waren, erklärte Laura mir, dass sie ab jetzt Massagen liebe. Ich dagegen war von Sven dermaßen bearbeitet worden, dass ich mich kaum noch rühren konnte!

41

Das Immobilien-Date

€ 🕐 ♥ ♥

Das hier wird ein Samstagnachmittag-Date, bei dem Sie gemeinsam träumen können.

Maklerbüros bieten immer wieder offene Hausbesichtigungen an. Suchen Sie im Internet zwei oder drei solcher Besichtigungen aus – Häuser, in denen Sie auch selbst gern wohnen würden, weil sie einen großen Garten haben oder weil es sich dabei um eine hübsche Maisonettewohnung handelt. Schlendern Sie gemütlich durch die Häuser oder Wohnungen, und vergessen Sie auch nicht, sich für die Wartezeit zwischen den Terminen ein paar leckere Snacks und Getränke einzupacken.

Unterhalten Sie sich anschließend darüber, was Ihnen an dem besichtigten Haus oder der Wohnung gefallen hat und was nicht. Und tauschen Sie sich nach der letzten Besichtigung darüber aus, wie Ihr Traumhaus aussehen müsste.

Die Beziehung vertiefen

Schreiben Sie auf, wie Ihr Traumhaus aussehen würde.

....

....

....

....

....

Die Beziehung zu Gott vertiefen

Freue dich über den Herrn, und er wird dir geben, was du dir von Herzen wünschst.
Psalm 37,4

Vater, wenn wir von unserer Zukunft träumen, dann erinnere uns bitte immer daran, dass wir uns über das freuen dürfen, was du uns bereits geschenkt hast.

Highlights des Dates

....

....

....

....

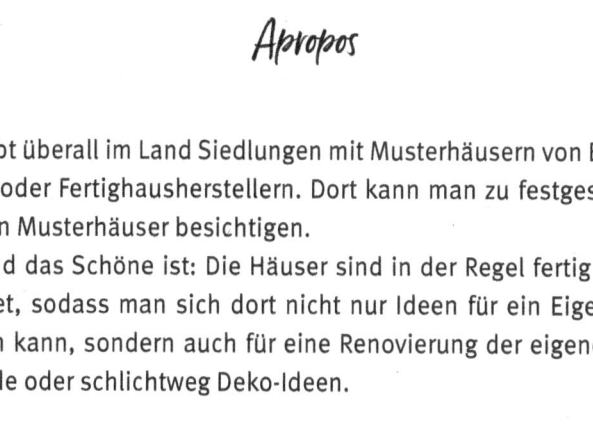

Apropos

Es gibt überall im Land Siedlungen mit Musterhäusern von Bauträgern oder Fertighausherstellern. Dort kann man zu festgesetzten Zeiten Musterhäuser besichtigen.

Und das Schöne ist: Die Häuser sind in der Regel fertig eingerichtet, sodass man sich dort nicht nur Ideen für ein Eigenheim holen kann, sondern auch für eine Renovierung der eigenen vier Wände oder schlichtweg Deko-Ideen.

42

Mal wieder wandern

In Ihrer Nähe (oder höchstens eine Autostunde entfernt) gibt es mit Sicherheit ein paar schöne Wanderwege durch Gottes wunderschöne Schöpfung.

Schauen Sie sich im Internet einfach ein bisschen um, es gibt zahlreiche entsprechende Portale. In manchen Gegenden gibt es auch Wandervereine, die man kontaktieren kann. Drucken Sie sich dann eine Karte der infrage kommenden Wanderwege aus. Auch Apps wie Komoot oder Locus Map 3 Classic oder 4 können Ihnen hier weiterhelfen.

Packen Sie dann ein paar Sachen zum Essen wie Käsewürfel, geschnittene Salami oder Schinken, Obst und Gemüse etc. in einen Rucksack. Denken Sie auch daran, genügend Wasser mitzunehmen.

Bei vielen Wanderwegen handelt es sich um Rundwege, das heißt, sie beginnen und enden am selben Punkt. Suchen Sie sich daher einen Rundweg aus, bei dem Sie sich zwar ein bisschen anstrengen, aber nicht völlig verausgaben müssen. Eine Strecke von

10 bis 15 Kilometern ist meist für eine kleine Tour gut geeignet. So haben Sie genügend Zeit, um auch die Landschaft zu genießen.

Suchen Sie sich eine Bank, und verzehren Sie gemütlich Ihr mitgebrachtes Essen, wenn Sie etwa die Hälfte der Strecke gewandert sind. Unterhalten Sie sich dabei über Ihre Beziehung und darüber, ob Sie beide in dieselbe Richtung unterwegs sind und wie der gemeinsame Weg weitergehen soll. Sie können dabei verschiedene Themen ansprechen wie Beruf, Familie, geistliche Entwicklung und andere Bereiche, die Ihrer Meinung nach einmal angesprochen werden sollten.

Die Beziehung vertiefen

Schreiben Sie auf, über welche Themen Sie gesprochen haben und wie Sie planen, den eingeschlagenen Weg zu korrigieren oder anzupassen.

....

....

....

....

Die Beziehung zu Gott vertiefen

Der Mensch plant seinen Weg, aber der Herr lenkt seine Schritte.
Sprüche 16,9

Jesus, wir bitten dich, dass du unsere Schritte auf unserem gemeinsamen Weg lenkst und uns zeigst, wo wir Kurskorrekturen durchführen sollten.

Highlights des Dates

....

....

....

....

Apropos

Wir lieben es unter anderem deshalb, unser Eheseminar im *Grand Hotel* auf Mackinac Island zu veranstalten, weil wir die Möglichkeit haben, dort auch wandern zu gehen. Die Insel hat einen Umfang von ca. 13 Kilometern und die Form eines Schildkrötenpanzers. Es gibt dort herrliche Wanderwege und einzigartige Wanderziele.

Eines der Wanderziele, an dem wir noch nie gewesen waren, ist der *Crack in the Island* (Riss in der Insel), eine lange Felsspalte, von der die Insel in der Mitte des „Schildkrötenpanzers" in zwei Teile geteilt wird. Das klang nach einem richtigen Abenteuer. Als wir dort ankamen, stellten wir jedoch fest, dass es sich im Grunde um nicht mehr als ein 15 Meter langes Loch handelte. Denken Sie daran, dass nicht das Ziel immer das Wichtigste ist, sondern dass es um den gemeinsamen Weg mit dem Partner bzw. der Partnerin geht.

43

Ein Doppel-Date

€ € € 🕐 🕐 ♥

Dates zu zweit sind wichtig für eine Beziehung, doch warum nicht einmal eine Aktivität mit einem befreundeten Paar organisieren? Rufen Sie dazu gute Freunde an, und vereinbaren Sie einen Termin, an dem Sie gemeinsam etwas unternehmen wollen. Einigen Sie sich dazu auf einen konkreten Ort – wir empfehlen, kein Restaurant auszusuchen, sondern möglichst ein Lokal, in dem man gemeinsam etwas tun kann (z. B. eine Bowlingbahn oder eine Billardlounge oder einen Minigolfplatz).

Planen Sie mindestens drei Stunden dafür ein, gemeinsam etwas zu essen und gemeinsam etwas zu unternehmen, das allen Spaß macht. Vergessen Sie dabei nicht, dass einige Menschen sich lieber gemütlich unterhalten, während andere lieber aktiv etwas tun. Also versuchen Sie möglichst, eine ausgewogene Mischung aus beidem hinzubekommen.

Tauschen Sie im Laufe des Treffens immer wieder gemeinsame Erinnerungen mit den Freunden aus.

Die Beziehung vertiefen

Notieren Sie hier Eigenschaften, nach denen Sie bei guten Freunden Ausschau halten.

....

....

....

....

Die Beziehung zu Gott vertiefen

Wer Gott gehorcht, sucht sich die richtigen Freunde.
Sprüche 12,26

Vater, wir danken dir für die Beziehung, die wir im Laufe der Jahre mit unseren Freunden aufgebaut haben. Wir bitten dich, hilf uns, die Menschen in unserem Umfeld nie als selbstverständlich zu betrachten.

Highlights des Dates

....

....

....

....

Apropos

Dates zu zweit sind wichtig und ein absolutes Muss. Aber genauso wichtig ist es, sich regelmäßig immer wieder einmal mit einem oder zwei befreundeten Paaren zu treffen. Freunde, mit denen man gern Zeit verbringt, helfen ebenfalls dabei, die Freundschaft mit dem Ehepartner weiterzuentwickeln. Außerdem kann man bei solchen Dates möglicherweise feststellen, dass die eigene Beziehung gar nicht so übel ist.

Auch wir haben in unserem Umfeld ein paar Ehepaare, mit denen wir gern Zeit verbringen. Wir gehen zusammen essen oder laden uns gegenseitig in das eigene Haus ein. Auch an den Hochzeiten, Abschlussfeiern oder Baby-Partys der anderen nehmen wir regen Anteil.

Wir haben erkannt, dass diese anderen Paare unser Leben auf eine Weise bereichern, die andere Personen oder Dinge nicht erfüllen können. Wir sind von Menschen umgeben, mit denen wir auch schwere Wegstrecken schaffen. Menschen, die in Krisen aufeinander achtgeben. Und Menschen, mit denen wir lachen können.

Deshalb unser Rat: Suchen Sie sich andere Paare, mit denen Sie ein Stück Leben teilen können.

Sichern!

€ € € 🕐 🕐 🕐 ♥

Klettern (oder auch Bouldern) ist eine großartige Möglichkeit, zusammenzuarbeiten, den eigenen Wohlfühlbereich zu verlassen und sich gegenseitig herauszufordern!

Es gibt in fast jeder Stadt eine Boulder-Halle, in der man sich Equipment ausleihen kann, um auszuprobieren, ob einem dieser Sport Spaß macht.

Stellt man dann fest, dass beide Partner Vergnügen daran haben, kann man sich natürlich auch nach und nach die notwendige Ausrüstung selbst anschaffen.

Während Sie sich gegenseitig Mut zusprechen, sich immer weiter nach oben zu wagen, werden Sie merken, dass Sie mit jedem Schritt das Gefühl haben, einander näherzukommen. Unterhalten Sie sich nach dem Klettern darüber, wie Sie sich sonst noch gegenseitig anspornen können, in Ihrem Alltag neue Höhen zu erklimmen, neue Dinge auszuprobieren und auch hin und wieder Ihren Wohlfühlbereich zu verlassen.

Die Beziehung vertiefen

Notieren Sie sich, wie Sie den anderen am besten ermutigen können. Halten Sie hier auch fest, wie Sie ihm oder ihr auf eine Weise
Mut machen können, die beim anderen auch (richtig) ankommt.

....

....

....

....

Die Beziehung zu Gott vertiefen

*Aber alle, die ihre Hoffnung auf den Herrn setzen, bekommen neue
Kraft. Sie sind wie Adler, denen mächtige Schwingen wachsen. Sie
gehen und werden nicht müde, sie laufen und sind nicht erschöpft.*
Jesaja 40,31

*Herr, bitte hilf uns, den anderen immer wieder mit Worten und
Taten zu ermutigen.*

Highlights des Dates

....

....

....

....

Wir sind jedes Jahr Gastgeber einer Kreuzfahrt, die unter dem Motto steht: „Celebrate Your Marriage at Sea". Wir laufen unterschiedliche Ziele an und haben Fachleute zum Thema „Ehe" an Bord. Vor Jahren erklärte sich Laura bereit, mich jedes Jahr auf eine „Abenteuer-Exkursion" zu begleiten. Wir waren schon Gleitschirm fliegen, schnorcheln und sind die *Dunn's River Falls* in Jamaika hinaufgeklettert, um nur ein paar unserer Abenteuer zu nennen.

In einem Jahr gab es auf dem Kreuzfahrtschiff einen Seilgarten, bei dem man auf einer Art Planke, die übers Wasser hinausführte, entlanggehen musste. Doch bei diesem Abenteuer musste Laura leider passen. Sie hat schreckliche Höhenangst, und die Vorstellung, auf einer schmalen Planke über dem offenen Meer zu balancieren – auch wenn sie natürlich gesichert gewesen wäre –, war einfach zu viel für sie.

Das ist jetzt schon ein paar Jahre her. In diesem Jahr lautete der Titel unserer großen Abenteuer-Exkursion „Salsa und Salsa". Wir lernten sowohl sechs unterschiedliche Arten von Salsa zuzubereiten als auch Salsa zu tanzen. Und wenn Sie mich (Jay) schon mal tanzen gesehen haben, dann wissen Sie, dass das auf jeden Fall ein „großes Abenteuer" war.

Pickleball

Pickleball ist eine neue Trendsportart, die sich immer größerer Beliebtheit erfreut und Elemente von Badminton, Tennis und Tischtennis verbindet. Man braucht dazu lediglich Pickleballschläger, Bälle und die Spielregeln. Es gibt zwar noch nicht viele Pickleballplätze in Deutschland, aber es werden immer mehr. Bevor Sie den Sport ausprobieren, sollten Sie am besten die Regeln googeln, denn am Anfang wirken diese ein bisschen kompliziert. Pickleball ist ein tolles, mäßig schnelles Spiel, aber man kann es auch intensiver als Wettkampf betreiben. Die Entscheidung liegt ganz bei Ihnen!

Wenn Sie das Spiel zum ersten Mal ausprobieren, würden wir Ihnen empfehlen, zu zweit zu spielen. Sobald Sie ein bisschen Spielpraxis haben, können Sie auch andere Paare einladen. Pickleball eignet sich hervorragend für Dates mit mehreren Paaren.

Unterhalten Sie sich nach dem Spiel darüber, inwiefern Ihre Ehe manchmal wie ein Pickleballspiel ist – es geht hin und her, hin und her, hin und her. Wir verbringen viel Zeit damit, Kinder zur Schule oder zum Training oder zu Freunden zu fahren, wir gehen einkaufen, erledigen die Wäsche, putzen das Haus und treffen uns mit anderen. Wenn dann noch der Job hinzukommt, dann haben wir oftmals kaum noch Zeit füreinander. Wie können wir es schaffen, unser Leben ein bisschen beständiger zu machen und Hektik und Zeitdruck herausnehmen? Was können wir ändern, um wieder mehr Zeit füreinander zu haben?

Die Beziehung vertiefen

Notieren Sie hier, wie und wann Sie mehr Zeit füreinander reservieren wollen. Halten Sie diese Termine auch in Ihrem Kalender fest.

....

....

....

....

....

Die Beziehung zu Gott vertiefen

Nur bei Gott komme ich zur Ruhe; er allein gibt mir Hoffnung.
Psalm 62,5

Herr, bitte hilf uns, in unserem hektischen Leben bei dir zur Ruhe zu kommen. Erinnere uns daran, Zeit füreinander frei zu halten und bewusst einzuplanen.

Highlights des Dates

....

....

....

....

....

Apropos

Wir haben versucht, mit ein paar Freunden in dem Sport- und Freizeitzentrum vor Ort Pickleball zu spielen. Wir sind keine besonders guten Spieler, aber wir haben die Ausrüstung dafür gekauft (Schläger und Bälle), wir haben zu einer Tageszeit, in der im Sportzentrum nicht so viel los war, einen Platz reserviert, und es hat wirklich Spaß gemacht. Aber ich (Laura) bin der Meinung, dass wir mehr gelacht haben, als dass wir Bälle von einer Seite auf die andere geschlagen hätten.

Beim Daten geht es auch darum, gemeinsam Neues auszuprobieren!

Pickleball ist eine Sportart, die immer beliebter wird. Schauen Sie auf den Webseiten Ihrer Gemeinde doch einmal nach – vielleicht wird sie ja auch dort bereits angeboten!

Küchen-Tuning

46

€ ⏰ ⏰ ♥

Fahren Sie in ein großes Küchenstudio, einen Baumarkt oder ein Einrichtungshaus und schauen Sie sich dort in aller Ruhe um. Unterhalten Sie sich darüber, was Ihnen besonders gut gefällt: Welchen Herd hätten Sie gern? Welche Fliesen würden Ihnen am besten gefallen? Wenn Sie einen Grill kaufen wollten, für welchen würden Sie sich dann entscheiden?

Träumen Sie gemeinsam ein bisschen. Und unterhalten Sie sich auf dem Heimweg darüber, welchen Raum in Ihrem Zuhause Sie als ersten renovieren würden, wenn Sie genügend Geld hätten, und warum Sie sich für diesen Raum entscheiden würden.

Die Beziehung vertiefen

Notieren Sie Ihre Renovierungsideen und -pläne und auch ein Datum für einen möglichen Beginn (selbst wenn es erst in zehn Jahren sein sollte).

....

....

....

....

Die Beziehung zu Gott vertiefen

Wenn der Herr nicht das Haus baut, dann ist alle Mühe der Bauleute umsonst.
Psalm 127,1

Vater, du bist der große Schöpfer! Wir danken dir für die Chance, ein bisschen von dieser Schöpferkraft auch in unseren Träumen widerzuspiegeln und darin, wie wir unsere Beziehung leben.

Highlights des Dates

....

....

....

....

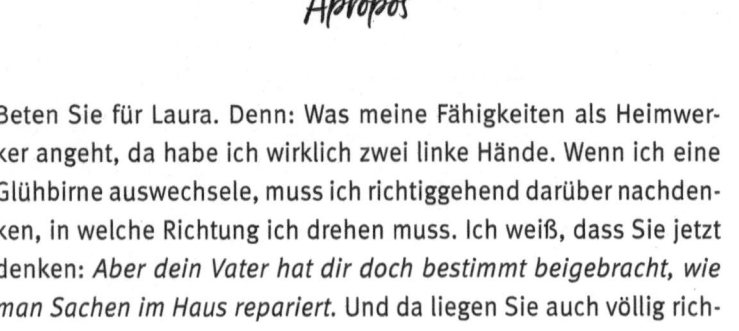

Beten Sie für Laura. Denn: Was meine Fähigkeiten als Heimwerker angeht, da habe ich wirklich zwei linke Hände. Wenn ich eine Glühbirne auswechsele, muss ich richtiggehend darüber nachdenken, in welche Richtung ich drehen muss. Ich weiß, dass Sie jetzt denken: *Aber dein Vater hat dir doch bestimmt beigebracht, wie man Sachen im Haus repariert.* Und da liegen Sie auch völlig richtig. Aber seine Bemühungen haben sich bei mir leider nicht ausgezahlt.

Vor ein paar Jahren bemerkte ich, dass unsere Toilette undicht war, und zwar an dem Zuleitungsrohr, das zum Spülkasten führt. Ich rief meinen Freund Russ an, der eine Sanitär- und Heizungsfirma betreibt. Als ich ihm erklärte, was los war, sagte er: „Jay, das kaputte Teil kriegst du für fünf Dollar im Baumarkt. Wenn ich einen von meinen Jungs vorbeischicke, dann kostet dich das mit An- und Abfahrt sechzig Dollar. Das schaffst du selbst!"

Also kaufte ich das Ersatzteil, drehte den Haupthahn ab und ließ den Spülkasten leer laufen, genau wie Russ es mir gesagt hatte. Dann schraubte ich das kaputte Rohr ab und das neue an. Russ hatte mir erklärt, ich müsse darauf achten, dass es auch richtig festsäße (wer weiß denn schon genau, was „richtig fest" ist?). Und da war es auch schon passiert: Als ich das Rohr am Spülkasten festschraubte, hörte ich, wie der Spülkasten knackte und riss, weil ich das Rohr zu fest angeschraubt hatte. Ich rief Russ an und meinte nur: „Diesen Mitarbeiter, der mit An- und Abfahrt sechzig Dollar kostet, kannst du den bitte mit einem neuen Spülkasten bei mir vorbeischicken?"

Anderen helfen

Gibt es in Ihrer Nähe eine Obdachlosenunterkunft oder eine Tafel oder eine Suppenküche? Dann erkundigen Sie sich doch einmal, ob man noch freiwillige Helfer sucht. Vereinbaren Sie einen Termin und einen Zeitraum, wo Sie zur Verfügung stehen.

Vergewissern Sie sich am Tag Ihres Einsatzes noch einmal, dass Sie mit der richtigen Einstellung antreten – dass Sie anderen wirklich helfen wollen, aber auch offen sind, dabei etwas Neues zu lernen.

Darüber hinaus könnten Sie auch eine kleine Spende für die Einrichtung überweisen, in der Sie mithelfen (das wären die Kosten für ein schönes Date). Und vergessen Sie nicht, der Person, die dort an dem betreffenden Tag zuständig ist, für ihren tagtäglichen Einsatz zu danken.

Tauschen Sie sich auf dem Nachhauseweg darüber aus, wofür Sie in Ihrem Leben dankbar sein können.

Die Beziehung vertiefen

Wofür wir dankbar sei können:

....

....

....

....

Die Beziehung zu Gott vertiefen

Der König wird ihnen dann antworten: „Das will ich euch sagen: Was ihr für einen meiner geringsten Brüder oder für eine meiner geringsten Schwestern getan habt, das habt ihr für mich getan!"
Matthäus 25,40

Himmlischer Vater, du schenkst uns völlig unverdient deinen reichen Segen. Bitte hilf uns, an andere zu denken und uns für sie einzusetzen.

Highlights des Dates

....

....

....

....

Apropos

Jedes Jahr zu Weihnachten veranstaltet unsere Gemeinde hier vor Ort ein Festessen für Menschen, die entweder alleinstehend sind und keine Familie haben oder die sich kein Festessen leisten können und einfach einen Ort brauchen, um Weihnachten zu feiern.

Bei uns ist Weihnachten ein großes Familienfest, und so leid es mir tut, das sagen zu müssen: Ohne Gemeinde hätten wir niemals unsere Weihnachtstraditionen aufgegeben, um anderen zu helfen.

Zur Vorbereitung des großen Festessens in der Gemeinde wurden in den Schulen vor Ort Helfer zum Kartoffelnschälen, für die Deko oder auch zum Kochen rekrutiert. Viele Schüler machten mit – darunter auch unsere Kinder. In einem Jahr ermunterten sie uns dann, doch als ganze Familie bei den Vorbereitungen für das Festessen zu helfen. Ich (Laura) zögerte erst, weil wir dadurch den traditionellen Ablauf des Festes bei uns zu Hause ändern mussten, aber schließlich willigte ich – wenn auch ein bisschen zähneknirschend – ein.

Es war fantastisch zu erleben, wie viele Menschen bereit waren, anderen zu helfen.

Bei Dates geht es eben nicht immer nur um uns selbst. Manchmal kann man sie auch nutzen, um etwas für andere zu tun.

Date in den eigenen vier Wänden

48

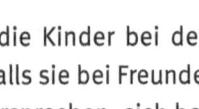

Sorgen Sie dafür, dass die Kinder bei den Großeltern oder bei Freunden übernachten (falls sie bei Freunden unterkommen, dann vergessen Sie nicht zu versprechen, sich bald zu revanchieren).

Bestellen Sie etwas zu essen, worauf *er* gerade Appetit hat.

Suchen Sie sich bei Netflix oder einem anderen Streamingdienst einen Film aus, den *sie* schon lange mal sehen wollte. Und dann machen Sie es sich bei Kerzenschein gemütlich. Gehen Sie nur ans Telefon, wenn die Großeltern oder die Freunde anrufen, die die Kinder betreuen.

Essen Sie bei Kerzenschein, und teilen Sie einander drei gute Sachen mit, die in der vergangenen Woche passiert sind. Schauen Sie sich dann auf dem Sofa aneinandergekuschelt den Film an – so wie damals, als Sie gerade erst zusammengekommen waren.

Öffnen Sie sich dem anderen und machen Sie sich verletzlich – sei es, indem Sie Ihre innersten Gedanken mitteilen oder durch körperliche Intimität, in der Gewissheit, dass Sie bis zum nächsten Morgen allein sein werden.

Die Beziehung vertiefen

Schreiben Sie sich hier gegenseitig einen kurzen, etwa dreizeiligen Liebesbrief, und notieren Sie dann, was Ihnen an dem Abend besonders gefallen hat.

Die Beziehung zu Gott vertiefen

Ja, komm rasch zu mir, mein Liebster! Sei schnell wie eine Gazelle, flink wie ein junger Hirsch, der von den Bergen kommt, wo duftende Kräuter wachsen!
Hohelied 8,14

Danke, Herr, für das Geschenk der Intimität. Hilf uns, unsere Liebe nie als selbstverständlich zu betrachten, sondern dich dafür zu loben, dass du uns einander geschenkt hast.

Highlights des Dates

....

....

....

....

Apropos

Wir lieben unsere Arbeit und sind total gern mit unserer Veranstaltung „Ultimate Date Night" und den „Celebrate Your Marriage"-Seminaren unterwegs. Aber dennoch gibt auch ein paar Dinge, auf die wir dabei verzichten könnten – zum Beispiel unser Gepäck durch irgendwelche Flughäfen zu schleppen oder Kisten mit Büchern zu be- und entladen oder auswärts zu essen.

Das Date in den eigenen vier Wänden gehört zu unseren Lieblingsdates, weil wir so viel auswärts essen. Ein Beispiel: Vom

31. Januar 2020 bis zum 1. März 2020 waren wir nur acht Tage zu Hause. Warum? Weil der Februar der „Monat der Liebe" ist und der Monat, in dem Jay regelmäßig zehn Kilos zunimmt, weil er so viel in Restaurants isst.

Deshalb *lieben* wir das Date in den eigenen vier Wänden! Zu Hause schaffen wir es sogar, uns ein Essen – und mehr – zu teilen.

Weihnachtstraditionen

Es ist Anfang Dezember. Adventszeit. Weihnachten steht vor der Tür. Wie wäre es, wenn Sie in einem Altersheim vor Ort anrufen und fragen, ob man offen dafür ist, dass Sie mit den Seniorinnen und Senioren Weihnachtslieder singen?

Und natürlich müssen Sie das nicht allein tun. Laden Sie doch für einen Freitagabend oder Samstagnachmittag Freunde ein, gemeinsam mit Ihnen zu dem vereinbarten Zeitpunkt im Seniorenheim singen zu gehen.

Zum krönenden Abschluss können Sie alle Ihre Mitsänger noch zu Ihnen nach Hause einladen und Kaffee, heiße Schokolade, Tee und Plätzchen genießen. Tauschen Sie sich darüber aus, wie Sie in Ihrer Kindheit Weihnachten gefeiert haben und welche Traditionen es in den Elternhäusern gab.

Wenn Ihre Freunde gegangen sind, können Sie das Thema dann zu zweit vertiefen: Welche Weihnachtsbräuche aus Ihrer Kindheit würden Sie in Ihrer Familie gern wieder aufleben lassen?

Die Beziehung vertiefen

Halten Sie hier die Weihnachtstraditionen aus Ihrer Kindheit fest, die Sie in diesem Jahr gern wieder aufleben lassen würden.

....

....

....

....

Die Beziehung zu Gott vertiefen

Denn uns ist ein Kind geboren! Ein Sohn ist uns geschenkt! Er wird die Herrschaft übernehmen. Man nennt ihn „Wunderbarer Ratgeber", „Starker Gott", „Ewiger Vater", „Friedensfürst".
Jesaja 9,5

Jesus, es ist ein ganz besonderes Geschenk, dass du als Mensch auf diese Welt gekommen bist. Hilf uns, deine Geburt und die Bedeutung von „Immanuel – Gott mit uns" das ganze Jahr zu feiern.

Highlights des Dates

....

....

....

....

„Tradition" wird definiert als „etwas, das sich im Hinblick auf Verhaltensweisen, Überzeugungen, Kultur o. Ä. [innerhalb einer bestimmten Gruppe] von Generation zu Generation entwickelt hat und weitergegeben wurde [und weiterhin Bestand hat]".

Jay und ich haben schon sehr früh entschieden, dass wir am Tag nach Thanksgiving (der Donnerstag vor dem ersten Advent) nicht wie die meisten anderen Amerikaner Weihnachtsgeschenke einkaufen gehen, sondern unser Haus gemeinsam weihnachtlich dekorieren. Wir stellen den Weihnachtsbaum auf und schmücken ihn und hängen die Socken für Geschenke am Kaminsims auf. Weil meine Liebessprache ja Geschenke sind, ist der Dezember folglich mein Lieblingsmonat. Wir bereiten dann heißen Kakao zu und backen Zimtschnecken, die wir beim Dekorieren verzehren. Und wir spielen auch pausenlos Weihnachtsmusik ab. Lasset das große Schmücken beginnen!

Als unser Sohn heiratete, war ich richtig traurig bei dem Gedanken, dass diese Tradition damit wahrscheinlich ein Ende nehmen würde. Aber zu meiner Überraschung war es Torrey und Shana wichtig, den Tag nach Thanksgiving bei uns zu Hause zu verbringen, um in dem Jahr mit uns zusammen das Haus zu dekorieren.

Mir ist klar, dass diese Tradition sich nach dem Auszug der Kinder verändert hat und dass es nicht mehr dasselbe ist wie früher, aber wir sind dennoch bereit, uns auch auf Neues einzulassen.

50

Ein Date rund um die Familie

In den Wintermonaten wird es abends sehr früh dunkel. Nutzen Sie das aus!

Laden Sie die Kinder ein, nach dem Abendessen einen kleinen Familienabend zu veranstalten und gemeinsam einen Film anzuschauen, ein Gesellschaftsspiel zu spielen oder einfach nur ein bisschen zu klönen. Wenn die Kinder dann anschließend ins Bett oder zumindest in ihre Zimmer gegangen sind, beginnt Ihr Teil des Abends.

Sprechen Sie als Paar über die „Lage der Nation". Tauschen Sie sich über Themen aus wie zum Beispiel: Wie sieht es finanziell gerade aus? Klappt es mit der Abgrenzung zu den Schwiegerfamilien? Gehen die Kinder so vielen Aktivitäten nach, dass sie nur noch Stress haben oder nicht mehr so viel Zeit mit der Familie verbringen? Ist Ihr Sexleben befriedigend?

Die Beziehung vertiefen

Halten Sie hier einige der Punkte aus Ihrem Gespräch zur „Lage der Nation" fest.

....

....

....

....

Die Beziehung zu Gott vertiefen

Nur ein gedankenloser Mensch glaubt jedes Wort! Der Vernünftige prüft alles, bevor er handelt.
Sprüche 14,15

Danke, Herr, für unsere Ehe, unsere Familie, die Kinder und all das, was du uns tagtäglich schenkst.

Highlights des Dates

....

....

....

....

Apropos

Wer hätte gedacht, dass eine Tischtennisplatte die Familie zusammenbringen würde? Bei uns hat das auf jeden Fall funktioniert.

Wir haben einen zusätzlichen Raum über der Garage, der im Laufe der Jahre schon viele Funktionen hatte – von Büro über Bibliothek über Kreativraum bis hin zum Spielezimmer war alles dabei.

Wir kauften früher jedes Jahr ein Weihnachtsgeschenk für die ganze Familie und das war in einem Jahr eine Tischtennisplatte. In der Folgezeit verbrachten wir unzählige Stunden damit, als Familie Tischtennis zu spielen. Was in diesen „Spielzeiten" jedoch in Wirklichkeit passierte: Wir pflegten die Beziehung und die Kommunikation mit den Kindern. Wir folgten dabei dem Grundsatz: „A family who plays together stays together" („Eine Familie, die zusammen spielt, bleibt auch zusammen"), um die Kommunikation zwischen Kindern und Eltern offen zu halten und dabei auch noch gemeinsam Spaß zu haben. Die Kinder haben wahrscheinlich nie gemerkt, dass Mama und Papa ihnen dabei ein bisschen auf den Zahn fühlten, aber wir achteten auch darauf, es möglichst behutsam und unauffällig zu tun.

51

Weihnachtszeit – die schönste Zeit des Jahres

Eine der Liebessprachen, die Gary Chapman in seinem Buch *Die fünf Sprachen der Liebe* identifiziert hat, sind Geschenke. Wenn das eine der Sprachen Ihrer Frau ist, dann ist dieses Date ein absolutes Muss! Aber auch wenn Geschenke nicht zu den Liebessprachen Ihrer Frau gehören, wird Ihr das Date bestimmt gefallen. Die meisten Männer sind – wenn wir ehrlich sind – wahrscheinlich nicht die größten Schenker. Doch wie wäre es, wenn Sie sich einige Zeit lang wirklich intensiv darüber Gedanken machen, was Ihrer Frau gefallen würde? Ihrer Fantasie sind hier keine Grenzen gesetzt. Legen Sie dieses Geschenk an Heiligabend aber nicht verpackt unter den Weihnachtsbaum, sondern warten Sie auf einen Zeitpunkt, in dem Sie beide allein sind. Sagen Sie ihr auch, inwiefern sie etwas ganz Besonderes für Sie ist. Sie wird sicher hin und weg sein, wenn sie merkt, dass Sie sich Mühe gegeben haben, um diesen ganz besonderen Moment zu schaffen.

Die Beziehung vertiefen

Inwiefern ist Ihr Partner etwas ganz Besonderes für Sie? Halten Sie diese Aspekte hier fest.

....

....

....

....

....

Die Beziehung zu Gott vertiefen

Wer einen besonderen Tag auswählt, um den Herrn anzubeten, will ihn damit ehren. Und wer ohne Ausnahme alles isst, tut das zur Ehre des Herrn, denn er dankt Gott für das Essen. Und der, der nicht alles isst, will ebenfalls dem Herrn damit Freude machen und ihm danken.
Römer 14,6

Herr, erinnere uns immer wieder daran, unseren Partner nicht für selbstverständlich zu nehmen, sondern uns gegenseitig als etwas ganz Besonderes zu behandeln.

Highlights des Dates

....

....

....

....

Apropos

Als unser Sohn drei war, arbeiteten wir beide Vollzeit. Deshalb versuchte ich (Laura), alle anfallenden Arbeiten dieses Dienstes möglichst an einem Tag in der Woche zu erledigen, damit ich mich den Rest der Woche flexibel um das Kind kümmern konnte.

In meinem Fall war der Dienstag der Tag in der Woche, in den alle dringenden beruflichen Aufgaben gestopft wurden. Ich verließ um 6:00 Uhr morgens das Haus und kam meist erst gegen 2:00 Uhr nachts wieder zurück.

Noch ein Funfact: Ich hasse es, das Bad zu putzen!

Wie bereits an anderer Stelle erwähnt, liebe ich Geschenke und Weihnachten, und Jay beherrscht meine Liebessprache sehr gut. In dem besagten Jahr bekam ich von Jay das beste Geschenk überhaupt: *Gutscheine!* Nun ist es zwar so, dass Gutscheine nicht unbedingt auf meiner Liste ersehnter Geschenke zu finden sind, aber in diesem Jahr traf er damit den Nagel auf den Kopf.

Als ich zu Weihnachten den Strumpf mit meinen Geschenken ausleerte, purzelten zwei Gutscheine heraus. Auf dem ersten stand, dass Jay sich ein Jahr lang jeden Dienstag um das Essen kümmern würde! Und auf dem zweiten stand, dass er ein Jahr lang die Bäder putzen würde!

52

Guter Start ins neue Jahr

Das Jahresende ist immer ein guter Zeitpunkt, um einen Ausblick auf das kommende Jahr zu wagen, ein bisschen von der Zukunft zu träumen und sich Ziele zu setzen. Dieses Date muss nicht zwingend am Silvesterabend, sollte aber vor dem 2. Januar stattfinden. Bereiten Sie ein paar leckere Häppchen und Ihre Lieblingsgetränke vor und sprechen Sie an diesem Abend über Ihre Träume und Wünsche für das nächste Jahr.

Dieses Date bietet an sich schon viel Gesprächsstoff, aber es gibt ein paar Themen, die sich besonders gut für den Einstieg eignen: der Urlaub im nächsten Jahr, mögliche Renovierungen, finanzielle Ziele, die bis zum nächsten Jahresende erreicht sein sollen, Gesundheit, welche Art von Dates man im nächsten Jahr gern miteinander verbringen möchte und vieles mehr.

Die Beziehung vertiefen

Schreiben Sie Ihre Träume und Ziele für das nächste Jahr auf.

....

....

....

....

....

Die Beziehung zu Gott vertiefen

Da wir nun so viele Zeugen des Glaubens um uns haben, lasst uns alles ablegen, was uns in dem Wettkampf behindert, den wir begonnen haben – auch die Sünde, die uns immer wieder fesseln will. Mit Ausdauer wollen wir auch noch das letzte Stück bis zum Ziel durchhalten.
Hebräer 12,1

Herr, bitte hilf uns auch im nächsten Jahr, den Weg zu gehen, den du für uns bereitet hast. Wir wollen uns auch im neuen Jahr deinem Schutz anbefehlen.

Highlights des Dates

....

....

....

....

....

Apropos

Es hat sich für uns bewährt, dass wir am Ende eines Jahres eine Art Leitwort für das nächste aussuchen. Das hilft uns als Ehepaar dabei, uns auf das zu fokussieren, was im kommenden Jahr für uns Priorität haben soll.

Bei uns läuft dies folgendermaßen ab: Jeder von uns sucht ein Wort für sich selbst aus, dann wählen wir gemeinsam eines für unsere Ehe. Zu den Wörtern gehören Begriffe wie Gesundheit, Großzügigkeit, Heilung, um nur ein paar zu nennen. Sie bilden eine Art Motto für dieses Jahr unserer Ehe.

In einem Jahr haben wir uns zur Abwechslung mal nicht für ein einzelnes Wort entschieden, sondern für einen Satz. Unsere Arbeit lief nicht besonders gut, sodass wir gezwungen waren, Mitarbeiter zu entlassen und deren Aufgaben zusätzlich selbst zu übernehmen. Wie das Motto für das betreffende Jahr lautete? „Wir kriegen das hin!" Und so war es dann auch.

MIX
Papier | Fördert
gute Waldnutzung
FSC
www.fsc.org   FSC® C014496

Originally published in English in the U.S.A. under the title:
Ultimate Date Night
Copyright © 2020 by Jay Laffoon and Laura Laffoon
© 2023 der deutschen Ausgabe by Gerth Medien
in der SCM Verlagsgruppe GmbH, Dillerberg 1, 35614 Asslar

Wenn nicht anders angegeben, wurden die Bibelstellen der folgenden Übersetzung
entnommen: *Neues Leben. Die Bibel,* © der deutschen Ausgabe 2002, 2006 und 2017
SCM R.Brockhaus in der SCM Verlagsgruppe GmbH, Witten/Holzgerlingen

1. Auflage 2023
Bestell-Nr. 817903
ISBN 978-3-95734-903-3

Umschlaggestaltung: Benita Penner
Umschlagfoto: Shutterstock/polinabelphoto
Satz: Uhl+Massopust, Aalen
Druck und Verarbeitung: GGP Media GmbH, Pößneck
Printed in Germany